九階段行動力重塑計畫

高績效思考

安妮 著

創造驚喜價值×瞄準重點學習×細節賦予溫度，
讓每一次的付出，都能收到雙倍的成長

每天都很努力，卻總覺得離「自己」很遠
他們看見結果，卻沒看見你咬牙走過的路
練習成長，不是為了贏，而是為了不再迷路

**這是一本走出焦慮、回到真實的書
寫給每一個，願意慢慢變好的人**

目錄

序言（一）
放在口袋裡的活法，藏著一個個發光的人　　005

序言（二）
腳踏實地的「二」，照亮了這個焦慮世界　　009

第一章
專注力的奇襲與反擊：別讓努力白費　　015

第二章
創造驚喜價值：讓你被需要、被記得　　045

第三章
高手養成術：一萬小時只是起點　　063

目錄

第四章
讓工作有溫度：熱情 × 使命感的黃金比例　　087

第五章
聰明的努力法：幸運都是設計出來的　　109

第六章
會說話的人，運氣從不太差　　135

第七章
合作腦養成計畫：不是合群，而是合拍　　155

第八章
用心不是天生，是練出來的　　175

第九章
說出影響力，活出主角光環　　199

序言（一）
放在口袋裡的活法，
藏著一個個發光的人

新菁英生涯董事長、生涯規劃師 古典

有次見面，安妮給我看她每天睡前都在讀的一本書——稻盛和夫的《活法》。

這本書我自己有，但她那個版本甚是獨特：手掌大小，軟皮封面，適合放在口袋裡沒事翻幾頁——仿的是《聖經》的樣式。

我一下子理解了這種書「應該的」讀法。

稻盛和夫講的不再是具體的「術」，而是「道」。這種書和工夫茶一樣，一氣兒喝下來難受，要慢慢地讀，每天翻幾頁，才有味道。

而這「茶」所配的「茶果」，則是一個個故事。

以他的經歷，故事自然不缺，難得的是老先生的真誠實在——他會明明白白地告訴你，那個時候其實是怎麼回事，自己哪裡做的不好，真實是怎麼想的，事後又怎麼後悔。不

序言（一）放在口袋裡的活法，藏著一個個發光的人

像那些企業家的傳記，不是做個人品牌就是市值管理，他們不能、不敢也不願講真話。

真實自然最有力。

人很難被說服，但是容易被感動。

用心，就是有一種從人的心裡，而不是源自大腦的力量。

於是，這本手掌版的《活法》被我搶來，揣在口袋裡，回來路上在飛機上翻。

兩天以後，另外的兩本也被安妮郵寄過來，告訴我：「這是一套的！」現在，在我的案頭，就有它們三個。

而當我看到安妮的書稿時，我又想起了她給我的那三本書。

別被這本書的標題欺騙，它不是一本什麼「教你管理的招數」、「時間管理的心法」這種實用工具書，也不應該進入「高績效人士必讀的十本書」這種焦慮的書單。

這本書就像《活法》一樣，裡面有一個個真實的故事、一個個鮮活清晰的人、一個個感悟和一些提高到心智維度的原則。

細細一翻，這樣的細節特別多 —— 關於企業管理、做人法則、交流之道。

談到某個企業的價值觀傳達：他們如何做到十多年沉得住氣，一點點做到行業第一；如何讓每個高管都有高度統一的想法和價值觀？

「由董事長帶頭，我們所有的高管，每天都會在本子上寫這樣一段話：『有目標，沉住氣，踏實做。』我們堅持寫這段話，寫了很多年。每天，我們都會把寫好的文字拍下來，傳到群組裡。這樣充滿正能量的價值觀，已經深深地根植在我們的信念中了」。

也有自己做企業的困惑：海歸協會收入不算高，但是需要應付的場面一點也不小，作為祕書長，如何留住好的人才？為了抓住一個頂級的編輯做雜誌，知道他喜歡喬丹，告訴他自己能拿到一張喬丹見面會的門票，然後想盡辦法，去弄來這張門票。

這裡面還有很多很多真實的人：書中的「英華姐」、「Mumu」、「丁曉輝老師」……這些故事的主角，每個都因安妮和我真實結緣。這本書讓我透過時間看到他們的最初，如何認識，如何互相成就。

英華姐第一次約見，看到安妮身體不好，完全沒談業務，只是介紹了一家中醫診所建議她針灸治病。等安妮傳簡訊感謝療效時，卡已經在櫃檯辦好了；

Mumu是個內向的攝影師，向安妮請教如何開創自己的

序言（一）放在口袋裡的活法，藏著一個個發光的人

晚禮服品牌，卻意外獲得支持。而這些支持又回饋給支持者本人，讓安妮成了國際品牌的代言人。

……

這些故事我都親身經歷過，而這本書則把舞臺的幕布掀開，讓我看到舞臺的背後：我們這一代人是幸福的。在一個生命變長、變化加快的時代，我們真的有機會清晰見證佛教裡說過的「輪迴」和「因果」，好的發心如何一點點地擴展出去，然後以一種你想像不到的方式，重新回到你的生活中，這是因果；而沒有修練好的心智模式，則一次次以不同形態反覆在你生活裡出現，讓你一次次陷入困局，這是輪迴。

這些才是在世界舞臺幕布後真實發生的事。

一個個很容易讀完的故事；

毫不遮掩的真誠和內心的暴露；

簡單的語言，偶爾閃動的智慧語句。

我想，如果稻盛和夫是個三十歲的萌妹子，這就是「她」寫《活法》的方式。

序言（二）
腳踏實地的「二」，
照亮了這個焦慮世界

非常務實商學院創始人 丁曉輝

　　認識安妮有幾年了。真正熟悉她是從她進入我的「亮心私塾」開始，一晃兩年過去了，安妮也從亮心私塾畢業了。我欣喜地發現，安妮身上發生了巨大的變化。我是一個用詞穩妥的人，這裡用「巨大」二字來形容她的變化，卻一點也不為過。她的人生開始進入屬於她自己的階段，就像她常說的那樣，她「發現」了自己，「認識」了自己，開始活出屬於自己的而不是別人期望的人生。四個月前，她對我說要寫第二本書；今天，書稿就放在了我的面前。我為這個丫頭的自律與信守承諾所震驚。仔細看了書稿後，我發現其實不用看，因為每個故事都聽安妮講過。猜想等安妮老了，她可以出一本《安妮故事集》了。呵呵。

　　安妮在我的亮心私塾裡有一個綽號，叫「二妮」。「二」在口語裡是有點傻傻的意思，叫她二妮其實就是覺得她傻傻的、笨笨的。她是個傻傻的、笨笨的女孩子，但傻得可愛，

009

序言（二）腳踏實地的「二」，照亮了這個焦慮世界

笨得執著。現今社會裡，很多人都覺得自己很聰明，都想走捷徑，而二妮這兩年卻越來越腳踏實地了。她不再被外界的誘惑所吸引，而是專注於自己的事業，專注於自我的成長。作為她的老師，我常常安排一些閱讀作業給她，她從來都是不打折扣地完成，看完後還會寫讀後感給我；我跟她說，一個人的底蘊厚度決定了一個人人生的高度，我建議她讀一些歷史書、傳記、佛學書、哲學書等，她都一絲不苟地看完了；我在私塾班裡教給她的技巧和方法，比如：如何「聽」別人的話，如何在溝通中「提問」，我讓她練習五十遍，她就真的練習了五十遍；我發現她有演講的天賦，就讓她限時完成五十場，她真的做到了。自從五年前她進入我的亮心私塾開始，她每天都會寫一篇規定格式的分享給我，節假日也不例外，至今應該有五百多篇了。這真是非常人能做到的。別人只看到了她的進步，卻沒看到她「二二」的堅持；別人只看到她在人櫃檯上的從容，卻沒看到她頑強的努力。人的成長是做出來的，不是學出來的。在這一點上，她是很「二」，很笨，但她的進步飛快。這正說明了，這個世界上最有效的「捷徑」就是一步一個腳印地做事，腳踏實地地成長。在這個多數人都懂得一堆道理但依然過不好一生的社會裡，二妮透過她的「二」，活出了屬於自己的人生。

二妮的成長，還表現為她漸漸不太在乎別人的評價了。我剛認識的安妮，非常容易受別人影響，非常在乎別人的評

價。她聽張三的話，覺得有道理；聽李四的話，也覺得有道理——就是沒有自己獨立的見解和主張。那個時候的安妮，別人讓她參與什麼生意，她都覺得是對方看得起自己。別人一「唬爛」，她就會欣然同意，而且覺得自己特別有價值。

經過很多次的失敗和挫折，她慢慢形成了自己判斷人、事、物的標準，價值觀也逐漸清晰起來。她不再羨慕「虛假的繁榮」，不再羨慕身邊那些大老闆，她開始發現自己的優點，發現自己獨一無二的天性。她開始做自己了。慢慢地，我們發現，她開始學習拒絕紛繁的聚會和機會，拒絕那些別人看起來非常好的生意誘惑，開始按照自己的價值排序來對待工作和生活。以前，只要別人說安妮哪裡不好，她都會難受半天。現在的二妮就好多了——你說你的，我做我的。安妮變得越來越自信，越來越獨立，她不會再輕易地被人影響，反而開始影響別人。如果一個人的自我認知不夠，自信心不夠，沒有獨立的價值體系，是很難不被環境影響的。這兩年，二妮其實在不斷探索自己的價值觀、人生觀、世界觀。

她讀了很多書，慢慢形成了自己獨立的見解和主張，也許這就是她常說的「發現自己，勇敢做自己」的原因吧。當她開始身心合一地「做自己」的時候，她就活成了一道光——照亮自己的同時，也在照亮他人。

序言（二）腳踏實地的「二」，照亮了這個焦慮世界

二妮不是一般的「二」，她張口閉口不是「正心誠意，成人達己」，就是「點亮自己，照亮他人」。關鍵在於，她這麼說不是希望別人覺得她怎麼樣，而是她真的就是這麼想的。有一次，她跟朋友去禪宗六祖慧能的南華寺拜佛。我問她：「妳去六祖真身前拜的時候許願了嗎？」她一臉認真地回答：「我希望『正心誠意，成人達己』，幫助更多的人。」她絲毫沒有開玩笑的樣子。我被她的「二」感動了。

自從在亮心私塾裡讀完稻盛和夫的《活法》，她就開始竭盡全力地用幫助他人的方法來「成長」自己，全然地成就他人，全然地照亮他人。她常常跟我分享，在幫助別人的過程中，其實收穫最多的人是她自己。

當然，二妮也不是完美的。世上本來就沒有完美。她也有她需要解決的困惑、需要完成的功課和需要面對的難題。但至少這個二妮活得很真實。每到這時，作為老師的我就會發個紅包給她。她收到紅包，會在 APP 裡回個笑臉和「包治百病」四個字。

在這個浮躁的社會裡，很多人感到焦慮，很多人自認為聰明，很多人活在別人的目光中和別人的評價裡，很多人都想快速成長，很多人都不願意腳踏實地……在這樣的環境裡，二妮的「二」就更顯得難能可貴了。她的「二」是一種不

走捷徑的踏實，是一種心無旁騖的專注，是一種不隨波逐流的獨立，是一種目不轉睛的堅持，是一種超乎尋常的努力。

真心希望這本書的讀者能安靜地讀讀二妮這本書。希望大家能在書中看到「二」的精神，看到真實的二妮。大家也許能在二妮的故事中看到自己的影子，然後一起努力，讓這個社會多一些正能量，給人更多的信心、希望、歡喜和方便。

恭喜安妮成長為二妮，也恭喜她的新書出版。希望更多的人能跟二妮一樣，點亮自己，照亮他人。

序言（二）腳踏實地的「二」，照亮了這個焦慮世界

第一章
專注力的奇襲與反擊：
別讓努力白費

　　只有認識你自己，才能全力以赴地成為你自己，心無旁騖地實現你自己。

第一章　專注力的奇襲與反擊：別讓努力白費

好的不等於對的

我有一個鄰居叫 Lina，大學學的是服裝設計。大學畢業以後，她從老家來到 A 市，在一家服裝設計公司做設計師。Lina 喜歡服裝，也喜歡設計和創作，但就是時間觀念不強，也不願受制度的束縛。因為上班總是遲到，主管對 Lina 十分不滿意，Lina 也感覺自己並不適合朝九晚六的生活，她決定辭職去創業。於是，Lina 和一個大學同學一起，開了一家網路商店，主打輕奢型女裝。由於 Lina 本身學的是服裝設計，對審美又有很高的品味，做起網路商店來簡直如魚得水。短短一年時間，Lina 就把一個毫無名氣的網路小店做成了年營業額達到一億元、利潤率在 40% 以上的知名商家。

開網路商店的收入的確非常可觀，但這份工作著實辛苦。Lina 幾乎全年無休，每天對著電腦，一天幾乎要工作二十個小時。有的時候早上八點下班，有的時候凌晨三點下班，有的時候甚至通宵無休。對她來說，沒有固定的下班時間，也沒有雙休日。雖然她的公司裡有一些員工，但是網路商店的性質決定了店鋪的核心資訊必須掌握在老闆手裡。因為經營網拍的門檻並不高，很多員工在掌握了供貨通路等資源以後，就自己跑去開店鋪了。這種情況屢有發生，曾經有好幾個 Lina 特別器重的下屬，甚至在得到了 Lina 分給他們股權的承諾之後，仍然跑去自己開店鋪了。Lina 雖然十分無

好的不等於對的

奈,但是沒有任何辦法,畢竟人各有志。幾年下來,她已經為自己培養了不少競爭對手。她不敢再下放太多的權力給員工,很多事都只能親力親為,所以經常把自己「累成狗」。用 Lina 的話來說,「即便賺了錢也沒有時間花,時間全都奉獻給了網路」。

做電商還有一個特點,就是現實生活中鮮少有社交活動。因為常年對著電腦,Lina 現在都有輕微的「社交恐懼症」了。每次我約她出來吃飯,她都會問:「還有誰,有我不認識的嗎?如果有我不認識的人,我就不去了。」我勸道:「見一次不就認識了嗎?都是一回生,二回熟啊!」可是 Lina 仍然拒絕。她說,她現在已經不知道該如何跟陌生人打交道了,似乎「社交」這種能力正從她身上慢慢消失。她只願意見熟悉的朋友,約認識的人。但凡去到人多的地方,她就覺得渾身不自在。有一次,Lina 約我吃飯,我帶上了同事 CC。CC 是一個活潑外向的女孩,特別討人喜歡,也很擅長與人打交道。她當時負責對接媒體和市場,我覺得這個職位非常適合她。我們邊吃邊聊,Lina 告訴我們,她最近換了一臺新車。夏天到了,網路商店的生意越來越好了。她給我們看了她的新品夏裝,都非常時尚,非常搶眼。Lina 說,她對服裝的選擇很敏感,只要是她看中的款式,基本上都能大賣。閒聊中,Lina 介紹著她的業務,CC 聽後豔羨不已。臨別時,CC 留了 Lina 的聯絡方式,她們成了朋友。

第一章　專注力的奇襲與反擊：別讓努力白費

這件事我並沒有放在心上。可是沒過幾天，CC 就向我提交了離職申請。我特別驚訝，問她：「妳不是做得好好的嗎，為什麼要離職呢？」CC 支支吾吾，只是說想回老家考公務員。我再三挽留，可是她去意已決，我也很無奈，只好尊重她的決定。

過了不久，Lina 又和我見面了。一見面她就對我說：「妳知道嗎？妳那個小助理跑去開網路商店了。」我一時間沒反應過來：「誰？什麼意思？」Lina 繼續說：「就是上次妳介紹給我認識的那個 CC，上個月跑到公司找我，問了我一堆關於網路商店的問題，然後說她也要去開網路商店。我看她是妳的下屬，就很耐心地教了她一天。但是我感覺，她的心態不對。開網路商店在她眼裡很輕鬆，很賺錢，卻不一定適合她。因為我的性格內向，又是學服裝設計的，所以比較適合做網拍女裝。那個女孩子性格活潑，對服裝一竅不通，就貿然跑去做電商，會不會風險太大了？」我這才明白，CC 原來是跑去開網路商店了。她一定是看 Lina 做起來好像很容易，似乎沒花費太大力氣，就得到了想要的財富，所以也想轉到這一行。殊不知，好的，不一定是對的。適合 Lina 的，不一定是適合 CC 的。每個人的性情稟賦都不一樣。比如：我就十分不適合做電商。因為我是一個社交型的人，我喜歡與人交流。而且我作息規律，習慣早睡早起。如果讓我每天對著電腦，三餐不定，日日熬夜，沒有圈子，沒有社交，即使

好的不等於對的

賺再多的錢,我也不能忍受。所以,對別人來說是很好的選擇,對你來說未必是正確的選擇。

於是,我決定找 CC 出來聊聊,希望能幫助她。我約 CC 見面,問她近況如何。CC 見了我,覺得很難為情。因為之前她騙我說回去考公務員,其實是去開網路商店了。她告訴我,她的網店關掉了。起初,她看到 Lina 姐姐似乎輕而易舉就把店鋪經營好了,心裡十分羨慕。她覺得自己很聰明,也很優秀,從任何方面比,都不見得會輸給 Lina。加之電商行業發展迅速,前景非常好。所以,她也選擇了這個「看起來很好」的事業。可是做了三個月,她就發現事實與自己所想的大相徑庭。經營網拍看似簡單,實則是這麼多行業中競爭最大的。因為門檻很低,人人都可以做。但要真正把店鋪做好,需要付出巨大的代價 —— 時間、精力、錢財、個人生活,甚至健康。CC 說,自己是一個愛說笑、愛玩鬧、愛與人打交道的人,這樣沒日沒夜地對著電腦的生活,實在不是她想要的。

聽了她的這番話,我感到很欣慰。看來,CC 已經意識到了:如果自己在一條合適的跑道上,可能會創造出更多的精彩;但如果她放棄了自己的長處,去做並不適合她的事,那麼結果將非常可惜。

在我的勸說下,CC 又回到了我的團隊。經過這件事之後,她再也沒有生出離開團隊跑去創業的想法。她對我說:

019

第一章 專注力的奇襲與反擊:別讓努力白費

「安妮姐,我終於發現了,大家都說『好的』,不一定是『對的』。我需要找的,是真正適合我的『好』,而不是眾人眼中的『好』。我覺得自己非常適合做協會,每天接觸不同的人、不同的行業,可以學到很多新的東西。我非常享受現在的工作,謝謝安妮姐當初的挽留。」

CC 的這番話讓我特別有感觸。就像人們常說的:貴的不一定是對的。大家都認為是好的,未必就是適合你的,也未必能帶給你真正的快樂。Lina 經營網拍很成功,大家都覺得她選擇的路很好,但這條「好的路」只適合她,並不適合所有人。真正適合我們的,是那些跟我們的稟賦相吻合的、我們內心深處真正想做的事。一想起那些事,我們就心潮澎湃,廢寢忘食,願意付出全部的生命去經營。只有做這樣的事,才會讓我們對人生充滿希望,對世界充滿熱情。

但「好的」和「對的」也不是全然對立的,而是相輔相成的。如果我們不了解自己的心,就看不到真正屬於我們的「好」,只能看到大家眼中的「好」,然後為了這樣不適合你的「好」,而迷失在不屬於你的道路上。真正有智慧的人,既要看清自己,也要看懂自己,選擇那條「對的路」,然後竭盡全力,把它變成「好的路」。

> **安妮說**
>
> 真正適合我們的，是那些跟我們的稟賦相吻合的、我們內心深處真正想做的事。一想起那些事，我們就心潮澎湃，廢寢忘食，願意付出全部的生命去經營。只有做這樣的事，才會讓我們對人生充滿希望，對世界充滿熱情。

認識我是誰，成為我所是

以前的我，很容易受別人的影響。

前段時間，有個朋友在越南做燕窩生意。他對我說，燕窩的市場很大，利潤很高。因為我是做社群的，身邊有很多高階客戶，如果能跟他一起合夥做燕窩生意，那麼一定能賺很多錢。我一聽，頓時心花怒放：好啊，好啊，那我們策劃一下吧。於是，我們兩個再加上兩個朋友，一共四個人，真的開了一家公司，開始做燕窩生意。我們的分工是：燕窩兄弟負責貨源，我負責通路，一個朋友負責公關，另一個朋友負責銷售。這個分工聽起來很完美。我們還替這家公司取了一個非常接地氣的名字——陽光四人行貿易有限公司。我們覺得，離我們人生的宏偉目標越來越近了，內心充滿了歡

第一章　專注力的奇襲與反擊：別讓努力白費

樂。可是公司成立沒多久，就出現了問題。由於我們四個人都是有主業的，燕窩生意只是副業，大家都只能在工作之餘去關注燕窩生意，投入的時間和精力都難以保證。加上我們也沒有明確誰是總經理，誰是核心負責人，遇到問題還要四個人聚頭商量，而當大家的工作都特別忙時，就把燕窩生意全拋諸腦後了。有時候，我們四個人甚至一個多月也見不上一面。公司的業績也隨著我們投入精力的多少而上下浮動。這樣的境況沒持續多久，我們的燕窩公司就關門了，四個合夥人也不歡而散。

後來，社群電商開始流行。一個好姐妹約我吃飯，偶然間聊了起來，她說：「安妮，妳知道嗎？我的鄉下小表妹現在專職做社群電商，賣面膜，一年能賺幾百萬！原本能力平平的小表妹，現在也能住大別墅，開瑪莎拉蒂了。我覺得，以妳的性格和能力，一定能做得比她更好！」姐妹的話又讓我心動了。她興致勃勃地拉著我說：「不如我們一起來做面膜吧！面膜的成本低，利潤高，又是快消品。妳的社交圈有那麼多人，我們隨隨便便就能賣幾萬片！」一頓飯的工夫，我就「乾脆利落」地決定和她一起做面膜生意了。我們一本正經地開始籌劃起來：每人投資十幾萬，先成立一家面膜公司，然後找個面膜廠幫我們生產面膜，再找個設計師把產品包裝設計一下，然後就乘著社群電商的「東風」，幹一番大事業！我們甚至設想了「事業壯大」以後的情景——招一些代理，

讓代理負責銷售，我們只需要負責管理就行了。姐妹還給我看了一個社群電商面膜的廣告，是一位香港明星代言的。她說：「妳看，連大明星都開始做社群電商了，我們還等什麼呢？」聽完她的話，我激動得幾個晚上都睡不著覺，興奮地做著當老闆的夢，覺得自己太幸福了。不過，鑑於上次燕窩事件的經驗，我覺得這個專案需要找個全職的核心負責人，否則又會泡湯。可是姐妹自己家裡做企業，本來就忙得不可開交，不可能為了這個副業而放棄家族生意；而我又是協會的祕書長，也不可能為了做社群電商而辭職。我感到十分為難，一直在躊躇，身邊誰才是合適的人選。這一拖，幾個月就過去了。面膜的銷量突然開始大幅下滑，社群電商的管理也變得更加嚴格。我們只得放棄了這個曾經讓我睡不著覺的創業專案。

過了不久，一個朋友找到我，說他想開一家餐廳，做拉麵，問我有沒有興趣入夥。我說：「我沒有做過餐飲，對這行完全不懂啊！」他說：「妳不需要懂，妳是資源入股，只需要投些錢，到時候帶些朋友過來就可以了。很簡單的。」他看著我，「安妮，妳知道世界上哪種行業更易做成百年企業嗎？」我搖搖頭。他說：「餐飲。民以食為天。經濟不景氣的時候，很多行業都會下滑，只有餐飲不會，也只有餐飲是最容易做成百年老店的。」他的這番話真是讓我心潮澎湃。雖然我沒有做過餐飲，但我覺得他講得很有道理。無論如何，

第一章 專注力的奇襲與反擊：別讓努力白費

人總是要吃飯的呀！加之，總結前兩次的經驗，我認為：第一，我不能全職做，因為我有主業，所以一定要找個能全職做這件事的人，我配合他就好；第二，我要選一個不會隨著市場行情而劇烈動盪的行業。這個麵館既不需要我全職參與，又不屬於「曇花一現」的行業，不正適合我嗎？我感覺自己太幸運了，又找到了新的專案。於是我也沒多想，就激動地答應了。

就這樣，我開始協助朋友做這家麵館。其實，我本身是不太喜歡吃麵食的，但為了餐廳的生意，我會時不時地帶朋友去光顧，自己也勉為其難地吃一兩碗。身邊的朋友也逐漸知道了我入股了一家麵館，會去「幫襯」我的生意。可是，漸漸地，我發現經營一家麵館並沒有我想像中那麼簡單。假設一碗麵一百元，一天賣一百碗，一個月也才收入三十萬元。除去房租、人工、水電等成本，利潤其實並不高。加上我又是一個小股東，就算麵館月收入一百五十萬元，我的分紅也沒有多少。離我想像中的「收入可觀」，實在相去甚遠。我有點為自己衝動的決定後悔了。為了這個小小的麵館，我花費了很多時間和精力。平時工作之餘，我還要去麵館幫忙接待。我感覺自己快變成一個餐廳接待員了，這種生活不是我想要的。我又陷入了猶豫。

經過這幾件事，我發現自己特別容易受到影響。我完全不知道該不該選擇，該如何選擇。我想，這後面更深層的原

因是,我對自己沒有清晰的認知,根本不知道自己到底想要什麼。別人說蘋果汁多味美,有益於健康,我就跑去吃蘋果;別人說檸檬酸爽開胃,美白養生,我就跑去吃檸檬。我甚至不問問自己:妳真的喜歡吃蘋果嗎?妳真的喜歡吃檸檬嗎?其實,我根本不喜歡吃蘋果和檸檬,我真正喜歡吃的是酪梨!但我完全沒有給自己時間去思考,就做了一個「別人覺得不錯」的決定。而實際上,那根本不是適合我的決定。

我很喜歡古希臘的一位哲學家蘇格拉底,他經常用一句話來教育自己的學生:「人啊,認識你自己!」這也是鐫刻在古希臘阿波羅神殿柱子上的一句箴言。只有認識你自己,才能全力以赴地成為你自己,實現你自己。我以前總是以為,對別人來說是好的,對我來說也一定是好的。殊不知,別人眼中的「好」,不一定是適合我的「好」。我的強項是與人打交道,是處理人際關係,是做更大的平臺。我做了十年的協會,已經把自己打造成了協會中的一顆明星,我為什麼不在這個舞臺上繼續成長壯大,而一定要更換跑道呢?我開始思索這個問題。

其實,不論是做燕窩生意,還是麵館,抑或是海歸協會,做任何事情,都要足夠專注,全力以赴,這樣才能達到理想的效果。我擅長的是做平臺,為什麼不在這條跑道上深耕,把平臺做得更大更強,讓自己在這個平臺上發揮更大的能量呢?這樣,在成就別人的同時,也能成就我自己。這不

第一章 專注力的奇襲與反擊:別讓努力白費

是一種基於清晰的自我認知而做出的更適合我的選擇嗎?

所以,我認為,清晰的自我認知非常重要。只有認識我是誰,才能努力地成為我所是。比人生的出場順序更重要的,是你知道自己最想要的是什麼。

十年不抬頭,一抬頭,我已是世界第一。懷著這種志氣和使命感,我決定不再換跑道,也不再輕易地受任何人的影響。我就是一個平臺的祕書長。我這輩子,都將在做平臺這件事上,努力耕耘下去!

每個人的一生,都在做一件事,那就是:「Know who I am, and be who I am.」(認識你自己,才能努力成為你所是!)

> **安妮說**
>
> 只有認識我是誰,才能努力地成為我所是。比人生的出場順序更重要的,是你知道自己最想要的是什麼。

時間管理,是技術,更是藝術

2017 年,我出了一本書。最後一個知道我出書的人,是我的媽媽。在她眼中,她的女兒是一個超級忙碌的人。她拿

到這本書以後,問我的第一句話是:「寶貝女兒,妳還有時間寫書?」她無比驚訝地問,想知道我的時間是從哪裡來的。關注我的社群的人都知道,我每天從早忙到晚,稍微有一點空閒時間,還要陪孩子。那個時候女兒才兩歲,特別需要我的照顧。

所有人都認為我是忙到快要「飛」起來的人,也都很好奇我是如何練就的「分身之術」。在如此快速、匆促的時代,能安安靜靜地看完一本書都有點困難,更何況是寫書?很多人都想知道,我這本書是如何寫出來的。

那我就跟大家分享一下我的時間管理之法。

在此之前,先說說我寫書的動機。那是一個風和日麗的下午,一個從美國回來的小弟弟約我喝咖啡,想諮詢一下加入海歸協會的事宜。我跟他認識有一段時間了,他給我的感覺就是一個「香蕉人」——英文十分流利,國語不太標準。

記得有一次聊天,他激動地跟我說:「安妮姐,妳知道嗎?××購物中心新開了一家ASUS旗『航』店。」當時真是快把我給笑暈了。我說:「弟弟,那是ASUS旗『艦』店呀!」那天下午再見面時,我問他最近在忙什麼。他說:「安妮姐,我最近在寫中文書。」寫書,用中文?聽起來很富有挑戰性啊!他在海外待了十幾年,漢字都不認識幾個,還寫書?我頓時對他報以崇高的敬意。這弟弟膽子太大了,我只

第一章　專注力的奇襲與反擊：別讓努力白費

能說，很佩服，並且希望他不要在書裡面出現類似「ASUS 旗艦店」這樣的錯誤。不過在那一刻，我也被他的勇氣感動了──一位剛回國的海歸小朋友，連中文都說不好，就要寫一本中文書。而我這個「雞湯姐」，寫了好幾年的分享文章，卻從來沒有想過要出一本書。於是，我對自己說：不如我也試一下吧，萬一成功了呢？

那是 2016 年 9 月，我的心中萌生了寫書的想法。十一，我和家人去海外度假。10 月 8 日，回到家，我就開始制定我的寫書計畫了。首先，我每週有七個晚上，其中有三個晚上有工作安排，有的時候是接待，有的時候是加班。另外四個晚上，我都要哄女兒睡覺。女兒睡覺的時間是晚上十點。如果每週這四天晚上，我哄女兒睡覺以後就開始寫作，那麼我一週將有八個小時可以寫作。如果兩個小時寫一篇文章，一篇文章三千字，那麼，我一週可以寫一萬兩千字，兩個月就可以寫十萬字。加上一個月的修改時間，三個月，我就能完成我人生中的第一本書了。

制定好時間計畫後，我就開始實施了。剛開始的時候，遇到了很多困難。比如：有的時候女兒晚上很鬧，不肯睡覺，拖拖拉拉到十一點多才睡。我很著急，希望她快點睡著，我好開始寫作。可是她偏偏不睡，就是要跟我玩。於是我就安撫自己：平靜，平靜，只有自己先平靜下來，女兒才會跟著安靜。果然，在我自我暗示以後，女兒就漸漸睡著了。但是

我開始寫作的時候,已經到了十一點半了。

我只好開始思考如何利用白天的時間寫作。由於我的工作很忙,白天的時間通常都被占滿了,幾乎擠不出時間寫作。很多時候,甚至忙得連午休的時間都沒有。但只要我有一點點空閒時間,我就會構思晚上寫作的主題。我會隨身帶著一本記事本,把想到的關鍵點都寫下來,有的時候是幾個字,有的時候是一句話。我用白天這點時間記錄靈感,釐清思路,偶爾還能翻閱一些素材,讓晚上的寫作內容更加豐富和飽滿。有了白天的鋪墊,晚上寫作的效率就更高了。

在晚上寫作的過程中,我還遇到一個困難。那個時候,女兒兩歲,有的時候半夜會醒來,如果看不到媽媽,就會哭鬧,所以我寫作的時候,不能離開女兒的房間。但是電腦螢幕一打開,就會有一束光,而且打字時會發出聲音。我怕吵醒女兒,就想了一個辦法:拿被子罩著頭,在被子裡面寫。

這樣,如果女兒醒了,我就可以立刻過去照顧她。同時,用被子蒙住電腦,又可以遮擋光亮,降低敲鍵盤的聲音,不會驚醒女兒。我就用這個方法,堅持寫了三個月。

我是一個「計劃控」,通常一週前就會把下一週的工作安排好,寫在記事本上。我讓朋友知道,我最近在寫書,每週只有三個晚上有一點空閒時間。如果有什麼事情要找我的話,只能安排在這三個晚上,其他時間,我雷打不動不出

第一章 專注力的奇襲與反擊：別讓努力白費

去。剛開始，還有人約我吃飯、喝咖啡、做運動，我全部都推掉了。因為，按照我的計畫，我一週只有三個晚上有空，如果這週的額度用完了，就只能等下一週。最初，朋友有點不適應，覺得我很「裝模作樣」。後來，大家見我這麼堅持，也都開始尊重我的決定。一個堅守自己原則的人，通常也會贏得別人的尊重。我堅信這一點。

好不容易守護住了寶貴的寫作時間，我又遇到了另外一個難題——我一寫起來就有點「停不下來」，動不動就寫到凌晨兩三點。這導致我白天十分睏倦，無精打采，工作也受到了影響。怎樣才能控制我的寫作時間呢？我又為自己定了一個新的目標——早起運動。這樣聽起來就更加富有挑戰了：晚上寫作，早起運動，白天工作，聽起來好像「永動人」。但是我想，如果我能比平時更早起的話，我就會強迫自己不超時寫作了。人都是要逼自己一下的。有的時候逼一逼，習慣就形成了。於是，我為自己定下計畫：每天早上六點半起來運動一個小時，然後收拾整理，再去上班。剛開始那一週，真的非常不習慣。每天早晨起來，睡眼惺忪，混混沌沌，只想睡覺。可是，漸漸地，當早起的習慣養成以後，晚上過了零點我就很睏了，像以前那種「越晚越有精神」的狀況，完全消失了！我更加珍惜這難得的兩個小時寫作時間，寫起來更有效率了。另外，我還發現，早起一個小時，可以邊運動，邊整理當天的工作計畫和寫作思路，工作效率和寫

作效率都提高了!

人生中有很多時候,不是看到希望了才去堅持,而是堅持了才會看到希望。在我每天堅持早起,晚上在女兒睡著以後寫書後,我發現我的人生有了奇蹟般的改變──我越來越自由,也越來越自信。我不會在睡覺前滑手機了,因為我沒時間。我要寫書!我有了新的人生目標,我要成為一名作家!每次想到這些,我的內心都無比激動。我再也不會賴床了,因為我要早起運動。因為經常運動,我的皮膚變得越來越好,體重也減輕了。

我發現,嚴苛的時間管理,堅持遵守時間計畫,讓我受益匪淺。我在不知不覺中變得更加自律了。有句話說:「優秀的人不一定自律,但自律的人,通常都很優秀。」老天爺對每個人都是公平的,每天給我們的時間都是二十四小時。

人與人之間的差距就在於你如何規劃自己的閒暇時間。優秀的人對自己都是殘酷的。當我們感覺生活很輕鬆的時候,其實我們是在走下坡路。有的人說:「人生苦短,為什麼要那麼累呢?隨隨便便地生活就行了。」我想說的是,不要在能選擇優秀的時候,選擇了安逸。其實,自我節制比自我放縱更加自由。當我們學會管理自己的時間,養成了自律的習慣時,我們就成了時間的主人,而不是被時間催促的奴僕。

有一次,在團隊開會時,一個小助理問我:「安妮姐,妳為什麼有那麼多時間呢?我感覺我的時間都不夠用啊!」

第一章 專注力的奇襲與反擊：別讓努力白費

我回覆她：「妳有認真規劃過妳的時間嗎？妳有制定嚴苛的時間計畫嗎？如果妳沒有認真規劃過，就不要說自己沒有時間。」

我的時間管理訣竅是：首先，要制定目標，這個目標必須具有挑戰性，必須能讓你心潮澎湃；其次，按照這個目標，把時間分解，最後，嚴格按照這個時間表來執行。其中，要注意的是，不能為了實現目標而犧牲了健康，要科學地管理時間。在執行過程中，要養成自律的習慣。當目標實現時，你會發現，時間管理並不是在折磨你，而是在成就你。當你一次又一次地實現目標，達到下一個新的高峰時，你就會知道——原來你是如此卓越，生活竟然如此美好！

時間管理是技術，更是藝術。把自己的時間管理好，其實是把我們的人生活成一門藝術！

安妮說

當目標實現時，你會發現，時間管理並不是在折磨你，而是在成就你。當你一次又一次地實現目標，達到下一個新的高峰時，你就會知道——原來你是如此卓越，生活竟然如此美好！

困境之於「專注力」：是試金石，更是能量源

2011 年，我剛加入海歸協會的時候，會長對我說：「安妮，我們應該做一本海歸雜誌。」雖然我平時寫過一些文章，但是從來沒有做過雜誌。這海歸雜誌該怎麼做，我心裡沒底。不過我對待工作的態度是：不去問為什麼，只去想該怎麼做。我為自己定下了目標——我要做雜誌！

這對當時的我來說，是一個巨大的挑戰。我平時不太看雜誌，突然接到這個任務，著實有點慌亂。不過，既然答應下來了，我就要努力完成，絕不為困難找藉口，只為成功找方法！我開始策劃人生中的第一本雜誌。那段時間，我每天都在思考要如何完成這個目標。

我把書店裡能買到的各個領域的知名雜誌都買了回來，包括時尚雜誌、汽車雜誌、財經雜誌、體育雜誌等等。然後，我開始研究這些雜誌的專欄設定、文字圖片、排版設計、內容特色。我發現，由大版塊到小欄目，很多雜誌的基本結構框架都是相似的。找出這個結構框架以後，我做了個簡單的歸納，整理出我要做的海歸雜誌的版塊，設計了欄目初稿。

我為雜誌設定了幾大版塊：

第一章　專注力的奇襲與反擊：別讓努力白費

版塊一，海歸政策。海歸可以透過這本雜誌，了解到當地政府能為海歸人員提供哪些優惠福利政策。這一部分內容可以透過網路來搜集整理，我自己就可以完成。

版塊二，人物訪談。每期雜誌採訪兩位優秀的海歸企業家，透過他們的人生故事，來鼓勵當下的海歸青年。

版塊三，生活資訊。為海歸青年介紹當地的食衣住行、吃喝玩樂等方面的資訊，幫助他們盡快熟悉歸國後的生活。

版塊四，慈善公益。很多海歸都熱衷於公益事業。我決定找相關的公益組織合作。

版塊五，活動預告。介紹我們協會為海歸舉辦的相關活動。

版塊六，時尚潮流。跟海歸們分享時尚潮流、明星穿搭、海外風尚等等。

框架初定後我發現，要完成這本雜誌，工作量是巨大的，至少需要三個人協助我完成。第一，我需要一位專業的編輯，這位編輯要有採訪經驗，能做人物專訪。第二，我需要一位雜誌設計師，幫我完成設計工作。第三，我需要一位美編，完成雜誌的排版設計、顏色搭配、圖片選擇等。這麼多事是我一個人完成不了的，我需要團隊。可是，那個時候海歸協會剛創立，我們沒有足夠的資金去組建團隊，招攬人才。所以，只要是我能做的，我都盡量自己做。只是其中的「人物專訪」，是需要專業的採訪者來完成的。我們採訪的

> 困境之於「專注力」：是試金石，更是能量源

企業家都是行業內非常有影響力的企業家。這個版塊非常重要，必須得寫好。

我決定用全部誠意去「感召」優秀的小夥伴加入我的團隊。我看中了一位叫 Jordan 的男孩子。他畢業於國內大學，之後去美國加州大學攻讀了傳媒碩士，現在是一本知名財經雜誌的編輯。他的文筆非常好，只是他性格內斂，平時話不多。我了解到，他非常熱愛籃球，平日裡唯一的愛好就是打籃球。因為最喜歡的籃球明星是喬丹，所以他的英文名也叫 Jordan。我想，如果 Jordan 能加入我的團隊，那就太完美了！第一，他的本職工作就是採訪優秀的企業家，他有很多採訪經驗；第二，他本身是海歸，能以海歸的視角來剖析問題；第三，他任職於專業的雜誌社，可以向我們這本小雜誌提供很多寶貴的建議。可是，他現在的工作很穩定，而且我們付不起足夠的薪資聘請他，該怎麼辦才好呢？但無論如何，他都是我心中最完美的人選。我決定約他出來聊聊。

我們約在辦公室旁邊的咖啡廳，聊了大概一個小時。我對他說：「Jordan，我知道你現在的平臺非常好，工作也很忙，讓你全職來加入我們不太實際，但我們團隊真的特別需要你這樣優秀的編輯，你看能否兼職加入我們？每個月完成兩篇人物採訪稿就好。」Jordan 想了想，問我薪水待遇是多少。其實，當時我們的待遇很低，肯定滿足不了他的要求。於是我跟他說：「我知道你喜歡喬丹，正巧今年年底喬丹會在

第一章 專注力的奇襲與反擊：別讓努力白費

××體育場舉辦一場粉絲見面會，我幫你拿一張門票吧，滿足你一個心願。」Jordan聽到這個消息，雀躍不已，於是爽快地答應了。

邀請到雜誌最需要的優秀編輯，我心中的大石頭放下了一塊。但還有一個問題沒解決，那就是我並沒有喬丹粉絲見面會的門票。但是，我一定要拿到，因為我答應了Jordan。於是，我透過多方努力，找到了喬丹粉絲見面會的主辦方。我承諾他們，送一個海歸雜誌的廣告位給他們，希望能置換活動門票。在我的努力溝通下，對方終於答應了。於是，我就用我能支付得起的薪資，加上喬丹粉絲見面會的門票，讓這位優秀的編輯加入了我的團隊。

Jordan的加入，讓我的雜誌編輯工作進展很順利。不過，新的問題又接踵而至。第一本海歸雜誌，不能沒有大牌廣告的「加持」吧？我去翻找知名雜誌，發現很多雜誌的封底都是賓士、BMW、保時捷這樣的大牌汽車廣告。可是我們這樣剛剛起步的小雜誌，怎麼才能讓大品牌跟我們合作呢？我再次陷入了困局。

正巧那個時候，我有一個朋友要去買車，她說想買賓士。我說，我陪妳去吧。於是，我們來到了賓士展示中心。接待我們的店員很熱情，很希望我朋友快點下單。我拉住朋友說：「妳幫我一個忙，好嗎？」朋友問：「怎麼了？」我說：「妳

> 困境之於「專注力」：是試金石，更是能量源

跟這個業務說，讓他介紹賓士行銷部經理給妳認識，然後我們去拜會一下。」朋友就按照我交代的做了。我和朋友在業務的引薦下，見到了賓士的行銷部經理。一見到這位文質彬彬的經理，我就上去做了一番自我介紹，告知她我的來意，希望賓士能贊助我們這本海歸雜誌。這位行銷部經理說：「唐小姐，我什麼也沒有看到，雜誌也沒有樣本，您只是給我一個 PPT，就讓我投你們廣告？」我回答說：「陳經理，您想一下，假設您投入幾十萬塊錢到其他大眾媒體，看到的人雖然很多，可是您的目標受眾，可能才幾十個。而我們這本海歸雜誌的讀者都是優秀的海歸創業者，他們全部都是您的核心目標客群。錢要花在刀口上，我相信我們一定會為您創造價值。」在我一番熱情洋溢的「演說」下，這位陳經理被我打動了。她說：「既然妳這麼有信心，那我就支持妳，希望未來我們可以建立更多的合作。」於是，我人生中第一本雜誌就有了賓士的加入。

這兩件事完成以後，會長對我刮目相看。其實，我能做到的原因只有一個，那就是 —— 專注於自己的目標。在實現目標的過程中，心無旁鶩，全神貫注，專心致志，使命必達。我每天的所思所想，沒有別的，全是如何完成任務。

順境可以讓人快樂安逸，但是真正使人成長的，一定是困境。這個世界上所有勇敢的人，都是從困境中走出來的人，所以我從來不害怕困難。當困難來臨時，我的重點都放

第一章　專注力的奇襲與反擊：別讓努力白費

在尋求解決辦法上。當我把焦點放在解決辦法上時，就會感覺困難已經不再是困難，我對突破困境充滿了信心和力量！就像稻盛和夫先生所說的：「努力到無能為力，老天爺也會助你一臂之力！」精彩的人生其實就源於深度的嘗試。困境之於「專注力」，是試金石，更是源源不斷的能量源泉！

> **安妮說**
>
> 唯有經歷困境，才能彰顯勇敢。我從來不害怕困難。當困難來臨時，我的重點只有一個：解決困難的辦法。當我把焦點放在解決辦法上時，就會感覺困難已經不再是困難，我對突破困境充滿了信心和力量！

聽所有人的話，做自己的決定

從小到大，我都很羨慕那些能自己做主的人。或許是由於性格原因，我做任何事情，都喜歡請教別人的意見。小的時候吃零食，我會請示父母，待父母同意後，我才敢吃。長大以後，穿什麼衣服，戴什麼頭飾，也由媽媽來幫我選擇。後來，發展到念哪所中學，選什麼科系，都要問長輩，長輩如何建議，我就如何做。待我結婚以後，我就開始問先生，

買多大的房,選什麼牌子的車,孩子叫什麼名字,都由先生來決定。我認為自己是一個不太會做決定的人。

在職場上,以前的我也是不能獨立做主的人。2009年,我還在一家上市公司做總裁助理,工作穩定,待遇豐厚。我在行政部門,協助主管處理一些公司內部的工作。上班時間很穩定,朝九晚六,很少加班。每天準時打卡上班,準時下班,感覺生活很平靜,沒有什麼漣漪。一眼望去,甚至可以看見十年後的生活狀態。這家公司很多同事都在這裡工作了十幾年,有的甚至工作了一輩子。元老級的員工比比皆是。每逢過年過節,公司就發購物卡給我們。每次拿到這些福利,我都會送給媽媽。媽媽很驕傲,她覺得女兒這份工作很好,看上去體面,福利又豐厚,加上主管又特別賞識我。所以,她非常開心,恨不得我一輩子都在這家公司做事,永遠不要離開。媽媽經常在人前人後誇獎我,說她有一個在上市公司當總裁助理的能幹女兒。

雖然在這家公司工作起來遊刃有餘,可是我總覺得人生少了點什麼。我的工作內容是固定的。在大企業,每個人都在自己的職責範圍內完成相應的工作任務。我所在的這個部門是行政部門,與內部同事打交道的時候比較多,很少有對外交流的機會。我完全可以預估十年後的人生狀態:按時上班,準點下班,每天打卡;工作日等待週末,平時等待放假,人生就在各種無聊和期盼中度過。這種一成不變的生活是我

第一章 專注力的奇襲與反擊：別讓努力白費

想要的嗎？我開始疑惑了。

一次偶然的機會，一位國中同學創立了一個海歸組織，邀請我去當祕書長，就是現在的海歸協會。我以前國中的時候就是經營社團的。高一時，我當了學生會主席；到了高二，我又當上了文學社社長和廣播站站長。總之，學校裡能當的「官」都被我當遍了。同學知道我熱衷於社團，喜歡與人打交道，也喜歡參與社會活動，加上我性格隨和，形象乖巧，他認為我很適合當海歸協會的祕書長。不過，他跟我說的時候，我剛結婚不久，正準備穩定下來生孩子。當祕書長到底要做什麼，我也沒搞清楚，所以一開始沒有答應他。但這位同學是我認識的人中最有堅持精神的，他不斷地聯絡我，與我溝通，一直不肯放棄，讓我答應和他一起做海歸協會。我雖然比較容易受人影響，但是在重大決定面前，我還是比較保守和謹慎的。在人生方向的選擇上，我不會輕易做決定，而一旦決定了，就會破釜沉舟，義無反顧，不會輕易改變。

我決定問問身邊的親朋好友，如何看待我離開上市公司去做協會這件事。

第一個人，我問的是我媽媽。她是那種典型的傳統居家女性，她覺得女孩子要知足，有一個「鐵飯碗」，有很多時間相夫教子，每天打扮得美美的，輕鬆開心地過一輩子，就是女孩子最好的狀態了。像我這樣，工作穩定，待遇豐厚，

還是上市公司的總裁助理,多少人羨慕,還辭職?想都不要想。媽媽堅決不同意,甚至甩出狠話:「妳要是辭職,我就和妳斷絕母女關係!」她的態度十分堅決,甚至用母女關係來威脅我,讓我斷了辭職的念想。

第二個人,我問的是我先生。那個時候我剛結婚,正想安下心來,回歸家庭,孕育寶寶。還好,先生是從加拿大留學回來的,思想比較開明。他問我:「妳信任妳這個同學嗎?」我回答:「滿信任的,我們認識十幾年了,他很可靠的。」他又問:「那妳喜歡現在的工作嗎?」我想了想,回答:「還行,不能說很喜歡,但是也不討厭。不過,我感覺沒有熱情,現在就能預測未來十年的樣子,滿無聊的。」先生笑了笑說:「那妳覺得,如果妳離開了這家上市公司,給自己一個機會去做協會,假設三年以後失敗了,妳還有機會回上市公司嗎?」我堅定地回答:「我覺得以我的能力,應該沒問題!」他笑了笑說:「那妳就去吧,我支持妳!我覺得妳的性格很適合做協會。做協會就是與人打交道,這是妳的強項。而且,做協會的可能性非常多,萬一以後做好了,妳的人生就是另一番景象了。」好不容易,得到了一張贊成票!先生的支持,給了我莫大的鼓勵。

第三個人,我問的是我在上市公司的同事。她也是我這個部門的上級,跟我的私人交情特別好。她叫 Amy。Amy 在這家企業待了十五年,自從她大學一畢業就加入了,是我

第一章　專注力的奇襲與反擊：別讓努力白費

的老前輩。她的先生也是公司不同部門的同事，據說他們是在一次公司內部的聯誼活動中認識的。後來，透過兩人的努力，在當地買了車，買了房，生活穩定，看起來很幸福。於是我問她：「Amy，妳有想過換工作嗎？」她回答：「換工作？我從來沒想過，我覺得在這裡工作很不錯啊！朝九晚六，雖然有的時候很辛苦，但是到哪裡不辛苦呢？我覺得都一樣。做生還不如做熟。」於是我又問：「那如果現在有一個機會，去做一個新的平臺，做得好可能前途無量，做得不好可能竹籃打水一場空，妳會嘗試嗎？」她斬釘截鐵地告訴我：「不會。我覺得女孩子嘛，安穩一點就好了，何必那麼折騰？有吃有住，還有老公疼，這樣不是很好嗎？如果換工作了，就不見得能找回這麼穩定的工作了。妳還是別多想了，知足吧！」她把我的想法否定了。

第四個人，我問了我閨密Vivian。Vivian是一位澳洲海歸，之前在一家上市公司工作，後來辭職自己去創業了。我把我想辭職去做協會的事告訴了她。她非常激動，舉雙手支持我。看我還在猶豫不決，她就問我：「妳到底有什麼放不下的呢？」我說：「我覺得現在很穩定，如果辭職了，萬一協會做得不好，我還能找到這麼好的工作嗎？」Vivian鼓勵我說：「如果妳是怕以後找不到更好的工作，那麼我覺得妳可以放一萬個心。妳如果出去創業做協會，妳的資源就會越來越多，妳會有各式各樣的選擇。可能以後就不是妳找工作了，而是

工作找妳。如果妳錯過了這個機會,那麼妳可能一輩子都只是上市公司中的一顆『螺絲釘』。」閨密的話很有力量,又一次讓我陷入了沉思。

這幾個我生命中很重要的人給我的建議,實在讓我很為難。從小到大,我都喜歡聽別人的,很少自己拿主意。這次換工作,是我人生中的一個轉折。選對了,我將走上前景更好的路;選錯了,我可能會失去現在這樣平靜的生活。我猶豫了很久。但是,我想,這個世界上誰能為我的人生負責任呢?能為我的人生買單的人,只有我自己啊!不管別人怎麼說,都只是「建議」而已。我真正在意的,是我自己究竟想要什麼。我無數次地問自己這個問題。最終,我想明白了一件事,那就是——在上市公司當總裁助理這種一成不變的工作,不是我想要的。我決定辭職,和我同學一起去做協會。不管前途如何,我都想要試一試。

透過親身經歷,我知道了:人生不是用來固守的,而是用來打破和拓寬的。這個時代已經沒有所謂的「鐵飯碗」了,一成不變才是最大的風險。只有迎接變化,在挑戰和競爭中求生存,才能獲得機會,取得勝利。我很慶幸自己當時沒有選擇輕鬆與安逸,而是選擇了挑戰。我聽了所有人的話,最後,做了自己的決定。因為,我知道,除了我自己,沒有任何人能為我的人生買單!

第一章　專注力的奇襲與反擊：別讓努力白費

> **安妮說**
>
> 人生不是用來固守的，而是用來打破和拓寬的。這個時代已經沒有所謂的「鐵飯碗」了，一成不變才是最大的風險。只有迎接變化，在挑戰和競爭中求生存，才能獲得機會，取得勝利。

第二章
創造驚喜價值：
讓你被需要、被記得

世界上沒有特別的工作。化「尋常」為「特別」的，是你完成工作的方式。

第二章　創造驚喜價值：讓你被需要、被記得

特別的完成方式，創造特別的「驚喜價值」

去年，海歸協會招聘的時候，有個小女生來我這裡面試，想應徵活動企劃的職位。她的名字叫做子茵。雖然名字聽上去很柔美，但是人看起來可不那麼溫柔，說起話來還帶著幾分咄咄逼人的味道。加上她的穿著打扮，很像有錢人家的嬌嬌女，一副不太能吃苦的樣子，所以我最初並不太想考慮她。我需要的是能「打仗」的戰友，不是溫室裡的花朵。再者，幾輪面試下來，我感覺她不是那麼有親和力。我最注重的特質，就是要有團隊精神。這個女孩子看起來特立獨行，我很擔心她跟其他同事合不來。誰知，她好像認定了我這裡，堅持不懈地透過不同的管道來跟我溝通。我被她的這份韌勁打動了，心想：既然她這麼想來這裡，就讓她試試吧。記得有一位前輩曾經跟我說過：「不要用妳喜歡的人，要用喜歡妳的人。」也許，她能為團隊帶來驚喜也說不定。

那段時間，我們剛好承接了政府的一個大型活動，於是我就安排助理 Jason 全權負責這個專案。Jason 做了三年的政府活動，對整個流程和專案的把控都非常熟悉。這個專案交給他，我十分放心。沒想到，天有不測風雲。Jason 在活動前兩週出國遊玩，不小心腿部骨折了，需要在家靜養一個月。這可怎麼辦？時間這麼緊張，讓我到哪裡找人代替他？再

特別的完成方式，創造特別的「驚喜價值」

說，能有人代替他嗎？我想想都頭痛。

正在我一籌莫展的時候，子茵站了出來。她毛遂自薦，希望能做這個專案的統籌，並且堅定地說，她會全力以赴的。我打量著這個小女生，疑惑地問她：「妳從來沒有做過活動，妳有信心保證活動不出問題嗎？」子茵信心滿滿地說：「安妮姐，我覺得我沒有問題。雖然我從來沒有做過活動，但是我願意嘗試。我保證能夠做好，請妳給我這個機會！」我雖然對她的能力還不盡知曉，但是我被她的勇氣和自信打動了。我想：不如讓她嘗試一下，如果遇到了困難，我就從旁協助一下，應該不會出什麼岔子。於是，我同意了。

就這樣，剛進協會不到一個月的子茵，承接了我們每年最重要的專案之一。說實話，不只是我，所有人都為她捏著一把汗。畢竟，專案那麼重要，她的經驗又那麼少，她真的能做好嗎？但是，秉著「用人不疑，疑人不用」的態度，我一直說服自己，全然信任她，讓她放開手腳，大膽去做。

子茵自從接手這個專案，就表現得非常積極和努力，工作起來甚至沒日沒夜。每天，最早到辦公室的是她，最晚離開的也是她。她經常跟我匯報專案的進度，讓我及時了解專案的情況。我漸漸發現，這小丫頭很機靈懂事，和她給我的第一印象實在相差太大。後來，在推進專案的過程中又發生了一件事情，讓我對這個小丫頭刮目相看。

047

第二章　創造驚喜價值：讓你被需要、被記得

　　一天深夜，已近零點，我正準備上床睡覺，突然接到一個電話，是與我們合作的設計公司的老闆 David 打來的。「這麼晚了，找我有事？」我問。David 在電話那頭用懇求的語氣說：「安妮呀，能不能叫妳的同事趕緊回家，現在都幾點了，她一直待在我公司，逼著設計師今天出方案。我都說了，明天一定給她，但她死活不肯。說如果今晚不出，誰也不能回家……我們的設計師都快被她逼瘋了。」我聽了十分驚訝。很多時候下屬加班，都會用各種方式「知會」主管，好讓主管知道自己有多辛苦。像子茵這樣，自己一個人默默跑去設計公司加班的情形，還真是不多見。同時，我也能理解子茵。因為第二天就是星期五了，如果星期五出方案，趕上週末放假，就完全沒有修改的時間了。如果方案能今晚出，星期五即明天還可以修改，那我們在週末之前就能定稿，這樣能節省不少時間。

　　不過，David 都打電話來了，我還是要了解一下情況。於是，我打電話給子茵。果然，她的解釋和我想的一樣。我跟她說，差不多就可以了，還是早點回家吧，一個女孩子太晚回家怕不安全。她告訴我，馬上就做完了，希望我能支持她。我說，好。我又聯絡 David，告訴他：馬上就做完了，請他的設計師配合一下，等做完以後，我請大家吃消夜。

　　這件事之後，我對這個小女生有了新的認知：外表看上去好像不能吃苦，沒想到做起事來那麼執著，真是人不可貌

特別的完成方式，創造特別的「驚喜價值」

相，以前是我太武斷了。後來，又發生了一件事，更給了我特別的驚喜。

我們這次活動要邀請四位重量級嘉賓來 A 市做演講，分別是一位中國人，一位美國人，一位日本人，一位德國人。子茵負責全程接待。起初，我還滿擔心的，我怕她安排得不好。這些都是非常重要的嘉賓，我們的接待水準，會在一定程度上影響嘉賓對 A 市的印象。所以，我時不時地就會問：嘉賓安排得如何，接送順利嗎，住得怎麼樣，用餐情況如何。子茵都自信地告訴我：「安妮姐，不用擔心，一切順利。」正如她所說的，真的一切順利。活動舉辦的那天，由於準備得充分，基本上沒出差錯。看到一切都按部就班地進行著，我心中的大石頭終於放了下來。

活動結束後，我們送嘉賓去機場，子茵負責最後這個流程，她也順利地完成了。晚上，回到家時，我已經累得不想動彈，一直繃著的神經終於鬆懈了下來。好在一切順利，我想。這個時候，嘉賓應該已經上飛機了吧？我正沉浸在自己的思緒中，突然，簡訊的鈴聲響了起來。

四位嘉賓陸續傳來了感謝的資訊給我。

中國嘉賓李晨：「唐祕書長，您好。感謝您這兩天精心的安排，我已經在飛往北京的飛機上了。你們組委會實在是太細心了，全程受到這麼悉心的照料，讓我很是感動。感謝組委會還給我準備了荔枝，我特別愛吃荔枝。哈哈！」他附了

049

第二章　創造驚喜價值：讓你被需要、被記得

一張照片，照片中有一張感謝卡，上面以我的名義寫著對嘉賓的謝意。卡片旁邊還有一箱荔枝。看到這些東西，我驚呆了：我並沒有安排人這麼做啊，難道是子茵安排的？

美國嘉賓 James：「Thank you for your warm reception this two days. Your assistant is super detailed and amazing. I am on the way to the airport. She not only arranged the commute but also prepared a souvenir for me. You guys are really a wonderful team.」（非常感謝您這兩天悉心的接待。您的助理太細心了，我已經在前往機場的路上，她不但替我安排了兩地車，還為我準備了伴手禮，你們真是一個非常優秀的團隊。）James 收到的禮物，是一盒茶葉。

日本嘉賓翔太：「この度大変お世話になりました！誠にありがとうございます！將來的に一緒にお仕事ができましたら、有り難く存じております。アシスタントからぜひ感謝したいと伝えて欲しいと。」（感謝您和您的團隊這兩天悉心的安排，希望未來有機會多多合作！您的助理要我一定要感謝您。）他收到的禮物是一把摺扇。

德國嘉賓 Andreas：「Dankefürihre gut Betreuung, dankefür das geschenk. Sie sind Ausgezeichnete.」（感謝您的悉心安排，謝謝您的禮物。你們太優秀了。）他收到的禮物，是一對瓷器。

原來，子茵替每位嘉賓都準備了感謝卡。感謝卡都是用

> 特別的完成方式，創造特別的「驚喜價值」

兩種語言來寫的，一種是中文，另一種是嘉賓的母語。她還以我的名義代表協會，為嘉賓準備了不同的禮物。這種安排實在是太細心了，真是讓我十分驚喜。

這些事讓我對這個小女孩肅然起敬。我工作這麼多年，接觸過很多人，也帶過很多人，但像子茵這樣能不斷給我驚喜的人，實在少之又少。如果說我對她的期待值是 60 分，她完成的就是 120 分。不僅遠遠超出了預期價值，還創造了「驚喜價值」。

一個優秀的員工，不會問「為什麼」要做，而是會想該「怎麼做」；而一個卓越的員工，不僅會想「怎麼做」，還會調動自己的全部熱情，把這件事「做得更好」。子茵就是這樣一個能為團隊創造特別的「驚喜價值」的人。她的話不多，但她用行動證明了，她是一個能擔負重任，並且能超越預期的人。我為自己擁有這樣一位「永遠令人驚喜」的助手而感到無比幸運和自豪。

安妮說

一個優秀的員工，不會問「為什麼」要做，而是會想應該「怎麼做」；而一個卓越的員工，不僅會想「怎麼做」，還會調動自己的全部熱情，把這件事「做得更好」。

第二章　創造驚喜價值：讓你被需要、被記得

填補價值落差：你能為「大咖」創造什麼

我有一個姐姐，她是著名的媒體人，每天的工作就是採訪名人。被她採訪過的「大咖」都很有分量。我很羨慕她的工作，覺得她的工作特別棒——能結識那麼多厲害的人，還能和他們成為朋友。那樣的人生應該很有意思吧！一次，我和這位姐姐聊天，我說：「姐姐，我好羨慕妳啊，能認識這麼多優秀的人。妳平時會和這些大咖互動嗎？」姐姐搖了搖頭說：「妹妹，我和那些大咖不是朋友，他們只是我的客戶，我們只有業務關係。如果他們不聯絡我，那麼我是絕對不會聯絡他們的，沒有這個必要。我的邏輯是，不是一個階層的人，就不要一起玩。我只跟和我一個階層的人做朋友。」姐姐的這番話，雖然讓我有些不解，但同時深深地印在了我的心裡。

「不是一個階層的人，就不要一起玩。」這句話聽起來貌似很有道理。

由於工作性質，我經常會接觸一些優秀的企業家，其中很多是上市公司的大老闆。以前遇到他們時，我總是會想起姐姐的那句話，於是我就躲得遠遠的，甚至希望他們不要看到我。因為我覺得自己太渺小了，我有什麼資格能得到大咖的認可和稱讚呢？所以，我還是識趣點，扮「隱形人」比較好。

好長一段時間,我都秉持著這種心態,做一個「隱形人」。

後來,一次偶然的機會,我們組織了一個考察團,去拜訪一家知名的物流集團。這個集團的創始人陳董事長非常有魅力,不但人長得帥氣精神,為人還特別低調謙和。他不但全程陪同,與我們坦誠交流,臨別的時候,還向我們每個人發了一張他的個人名片。他遞名片的時候,都是用雙手,一個人一個人地親自遞上,還一直真誠地說:「很高興認識您。」我收到名片一看,上面竟然有他的手機號碼。當時,我想:這樣的大老闆,應該不會留自己的私人手機號吧,可能是助理的或者祕書的。這樣的情況並不少見,我當時也不以為意。

過了不久,我的新書出版了。我想起陳董事長,很希望能寄一本書給他。可是我有點害怕,他要是不理我該怎麼辦?貿然聯絡他,他可能連我是誰都不知道;不聯絡他,我就把認識他的機會主動放棄了。該怎麼做才好呢?我心裡猶豫不決。最終,勇敢戰勝了怯懦,聯絡他的念頭變得越來越強烈。我找到陳董事長的名片,傳了一條簡訊給他。我說:「陳董事長,您好!我是海歸協會的祕書長安妮。去年有幸在您的公司與您有過一次會面。我最近寫了一本新書,很想寄給您,希望得到您的建議和指正。可以麻煩您提供您的收貨地址嗎?非常感謝。」

第二章　創造驚喜價值：讓你被需要、被記得

　　傳完這條簡訊，我並沒有抱太大希望，心想：「隨緣吧。即便這條簡訊如石沉大海，我也總算勇敢了一下。」幾個小時過去了，我都沒有收到他的回覆。我覺得他是不會回覆我了，心中的念頭也漸漸變得微弱下來。沒想到，過了一會兒，他竟然回覆了！他傳送了一個 QR Code，是他的社群帳號。我立刻加了他的社群。我特別激動，對他說：「陳董事長，您好，非常感謝您加了我，能與您交流實在太開心了！我真的希望有機會向您多多學習，謝謝陳董事長。」他回覆了一個笑臉。就這樣，我們攀談起來。我對陳董事長說：「陳董事長，您知道嗎？我覺得您很像稻盛和夫和王永慶，在您身上，我看到了榜樣的力量。您的物流集團是一家偉大的企業。」陳董事長發了一個害羞的表情說：「妳言重啦，我比他們差遠了。」

　　就這樣，我們偶爾會聊天。我知道陳董事長佛學造詣很深，所以經常會向他請教一些佛學問題。後來，陳董事長還請了一套經書送給我，讓我好好學習。我是一個很喜歡看書，也很喜歡寫分享的人，有時候，我會把自己寫的讀書總結和分享發給陳董事長，他也偶爾會給予評論。看到一些不錯的文章時，他也會轉給我。

　　有一年過年，我要寄一些年貨給老家的親戚，但年前的工作實在太忙了，一直沒有擠出時間來整理。等我忙完，已經到了農曆臘月二十九。我記得陳董事長曾經說過，他們集

團是過年也不休息的。於是,我趕緊打電話給客服預約提貨。但是客服回覆說:不好意思,今年不收貨了。我問:「為什麼,往年都收的呀!為什麼今年就不收了呢?」客服沒有再解釋,只說是公司的規定。我心急如焚,因為已經跟老家親戚約定好了。萬般無奈之下,我只好給向陳董事長傳了求助訊息:「陳董事長,不好意思打擾您。我有一批年貨要寄給老家的親戚,我知道今天已經是臘月二十九了,但我真的很希望能把東西寄回去。可以請您幫幫忙嗎?」沒想到,陳董事長迅速回覆了我:「可以的,我幫妳安排。」不到一個小時,客服就聯絡我,安排工作人員前來收貨了。第二天,我的年貨就到了老家的親戚手中。

我心中十分感激陳董事長。後來,陳董事長還一直跟我道歉說:「不好意思啊,快遞爆倉了。其他快遞都不收貨了,我們的壓力實在太大了,所以也不敢收了,給妳造成困擾了。」陳董事長那麼誠懇,讓我特別不好意思。因為真正抱歉的人,應該是我啊!就為這點小事,還要去麻煩人家。

不過,從這件事上可以看出,陳董事長真的是一位非常親和、非常接地氣的企業家。

透過與陳董事長的交流,我發現,其實我是有能量與大咖互動的。在我看來,任何大咖都不會拒絕高品質的粉絲。首先,我要保證自己是「高品質」的,是充滿正能量和使命感的。人都是容易被感染的。我相信,我的能量會感染他

第二章　創造驚喜價值：讓你被需要、被記得

們，讓他們知道，安妮其實也是很優秀的。其次，大咖也需要我們發自內心的讚美。以前我不太喜歡讚美別人，覺得很虛偽，好像目的性很強。可是讚美陳董事長的時候，我是發自內心的。當我真心讚美他，表達對他的敬佩時，我們之間的距離就漸漸拉近了。再次，要放棄習慣性的「我以為」。我以為他不會理我，我以為他看不上我，我以為他會把我刪了……其實這些「我以為」，都是我自己在畫地為牢，是我的不自信、不勇敢導致的。人生在於一次又一次地不斷嘗試，聯絡一下又會怎麼樣呢？大不了他們不回覆而已。萬一他們回覆了呢？我們豈不是又多了一次與大咖交流的機會？

　　現在的我，已經不會再懼怕與大咖交流了。每次遇到大咖，特別是那種高高在上、看似難以接近的人，我都會問自己：「我能為他做些什麼，我能為這段關係創造些什麼？」我不希望自己再做一個隱形人，我要做一個有影響力的人。一個有影響力的人，不會只在意別人說自己好不好，而是會問自己：「我想要的是什麼；我能為別人做些什麼，又能為這個社會做些什麼？」「不是一個階層的人，就不要一起玩」，這句話在我這裡不成立。雖然階層不同，但是我們可以努力提升自己的境界，使境界相同。

　　所以，最核心的事，是要讓自己成為一個優秀的人，一個有能量的人，一個能為社會創造價值的人。等你優秀了，自然會有對的人與你並肩。走近大咖，已經不再遙不可及了！

> **安妮說**
>
> 我不希望自己再做一個「隱形人」，我要做一個有影響力的人。一個有影響力的人，不會只在意別人說自己好不好，而是會問自己：「我想要的是什麼；我能為別人做些什麼，又能為這個社會做些什麼？」

需求的背後藏著什麼

我是一個特別喜歡學習的人，這些年也上了不少課程。大概兩年前，我遇到了一位很有愛的老師──丁老師。當時我正處在人生低谷，一切似乎都不順利。丁老師沒有放棄我，他一直支持我，鼓勵我。本來對未來感到希望渺茫的我，在丁老師的指導下，漸漸覺得我可以將人生經營得更好。只要一心向善，成人達己，一切都會越來越好。跟丁老師學習了一段時間以後，我發現自己越來越有目標，方向越來越清晰，內心的力量也越來越強大。外在最明顯的變化，就是我的語速越來越慢了。丁老師說，語速變慢了，表示妳內心的力量變強了。身邊的小夥伴也都感受到了我的變化。大家都說，以前的我就像一挺機槍，自己劈里啪啦講了一通，完全不考慮身旁是否有人，以及身旁的人是如何感受

第二章 創造驚喜價值：讓你被需要、被記得

的。一句話，以前的我就是「目中無人」！經過兩年多的學習，現在的我，完全變成了另外一個人。我說話的節奏越來越平緩，臉上的笑容越來越多，也能認真地傾聽別人講話。

我變得更謙遜、更柔軟，也更真實、更有溫度了。

好姐妹莎莎也感受到了我的變化。我們認識十年了，她也是一個特別愛學習的人。有一天，她約我吃飯，想知道我到底做了什麼，令整個人的變化如此大。我們約在一家安靜的咖啡廳。見面以後，莎莎說：「安妮，我覺得妳變了好多，以前的妳都不會像現在這樣和我喝咖啡。以前，妳給我的感覺就像是個機器人，每天都忙成一團，我都不敢約妳。現在感覺妳慢下來好多，如今坐在妳旁邊，我一點壓力也沒有，感覺很舒服。說真的，妳是怎麼變成現在這樣的？」

「我最近上了一個課程，對我的幫助很大。」我說。我知道，莎莎很喜歡上課，她是我認識的朋友當中課上得最多的。她上過各式各樣的課程：有關於個人成長的，有關於企業管理的，還有關於心理學的。而且，莎莎只上最知名的學校裡最知名的老師講授的最知名的課程。她經常飛到世界各地去上課，不問價格，只問這個老師是不是全球頂尖的。這些年，她上課的錢，可能都花了幾千萬元。這一點，我很佩服她。我認識很多家庭條件優渥的女孩子，因為條件好，就每天享樂，虛度人生。像莎莎這樣努力上進的，真的寥寥無

幾。莎莎從沒有因為自己是含著金湯匙出生的，就放棄個人努力，她一直行走在成長的路上。

「什麼課程啊？老師叫什麼名字啊？」莎莎問。

「他是丁老師，曾經是許多國際知名企業的企業教練。」我回答道。

「丁老師？沒聽過。我從來不上不知名的課，我只上最好的課。」莎莎一聽這個陌生的名字，就把這個課程否定了。

我說：「莎莎，妳知道嗎？這個世界上有兩種老師。一種像李開復這樣的大師，他們很有名，也很有影響力。可是妳跟他學了三年，他可能連妳姓什麼都不知道。他們永遠高高在上，是一個領袖，而妳永遠是他的小粉絲，在臺下為他歡呼，仰慕他，膜拜他。另一種可能是丁老師，也可能是王老師、陳老師，他們名不見經傳，但他們會告訴妳：『莎莎，妳不需要知道我是誰，這個世界也不需要知道我是誰。我只要知道，莎莎是蘋果，安妮是檸檬。我的任務就是把莎莎變成最美、最甜的蘋果，把安妮變成最酸、最爽的檸檬。我就是來成就妳們的。』親愛的莎莎，我再也不想去膜拜和追隨任何人，我希望別人來成就我，我希望自己就是一個明星。所以，我選擇丁老師。」看著我認真的神情，莎莎被我打動了。她答應和我一起去上課，當天下午就報了名。

剛開始上課那兩天，莎莎頻頻看手機，總是提前離開教

第二章　創造驚喜價值：讓你被需要、被記得

室。我看她一副心不在焉的樣子，不知道發生了什麼事。丁老師注意到了這個情況，他聯絡我，略微諮詢了一下莎莎的情況，然後調整了一下課程結構，對莎莎也多了一些關心。下課以後，丁老師特意去找莎莎溝通，了解她的需求是什麼，她到底想要什麼。丁老師和她聊完之後，莎莎有了一些變化，她越來越進入狀態。之後的課程裡，莎莎總是第一個到教室，下課後最後一個離開。她的筆記記得整整齊齊，上課認真提問，和同學的互動也越來越融洽。看到她這麼投入，我也很開心。能得到她認可的課程，一定是好課程，因為她上了那麼多國際頂級的課程。看到我為她推薦的課程這麼有分量，我暗自欣喜了好一陣。

　　莎莎的課程快結束了。有一天，丁老師找來學生一起吃飯，我和莎莎也參加了。莎莎從來不喝酒，但是那天晚上她喝了很多酒。我感受到了她的心情，她是真的開心。丁老師讓我們每個人分享上課的感受。我第一個站起來說：「親愛的同學們，我之所以喜歡這個集體，是因為我在大家身上感受到了愛和美好。我知道，無論未來發生什麼事，你們都會無條件地接納我，支持我，愛我。我很感恩能遇見你們。人生路很長，我們一起走，就不會孤單……」正當我熱情洋溢地發表感想的時候，莎莎在我旁邊哭了起來。我頓時嚇了一跳：難道我說錯話了？

同學們也都望著她,問她怎麼了。莎莎哽咽著說:「丁老師,同學們,我今天真的很感動。我這三年上了好多課,都是國際頂級的課程。我好像學到很多東西,好像掌握了很多知識,但是從來沒有人真正關心過我內心的需求是什麼,從來沒有人問過我到底想要什麼。表面上我是在學知識,實際上我需要的是支持、關心、嘉許和肯定。這個團隊給了我很多力量,我覺得我在這裡是安全的。我愛你們。」莎莎的一番話把大家都感動了。我突然發現,上課並不是莎莎最真實的需求,在那後面還有需求,那就是被認可、被需要和被接納。很多時候,我們看到的只是她表面的需求,卻沒有人去探究她內心真正的需求是什麼。其實,瘋狂上課,又何嘗不是一種逃避呢?越是找不到自己,越是瘋狂地去尋找。因為心靈需要寄託,靈魂需要被填充。莎莎需要的是一群認可她、接納她、無條件愛她的人,她只是透過瘋狂上課這種方式表達出來而已。

　　莎莎很認真地學習,成長得很快,不到一年的時間,她就成了圈子內的一個IP,自己也當上了講師,去向身邊的小夥伴講創業。她的事業越做越大。每次見到我,她都會感謝我,感謝我當初說服她一起去上課。她覺得,透過這一年的學習,內心的力量就像一棵小樹苗,一點一點在生根、成長。她現在已經不再瘋狂上課了。她已經從一個學生,成功

第二章　創造驚喜價值：讓你被需要、被記得

轉型成一個能影響別人的老師。我很為她的成長感到開心。

需求的背後，還隱藏著真正的需求。只有找到那個需求，才能破解人生的困境。

> **安妮說**
>
> 只有找到需求背後的需求，才能破解人生的困境。

第三章
高手養成術：
一萬小時只是起點

優秀的人，對自己都是殘酷的。

第三章　高手養成術：一萬小時只是起點

從新手到大師：「無知」是一種自知

我是一個很好學的人，只要有學習和自我提升的機會，我就會努力抓住。有一次，A市政府安排了一期去B市某頂大進修學習的課程，給了我們協會一個學員名額。我一看，是去頂大學習啊，我感覺很興奮，立刻毫不猶豫地報名了，甚至都沒諮詢課程的內容，也沒注意同行的小夥伴有哪些人。

報名之後，我就一直忙於工作，幾乎忘了這件事。直到出發的前兩天，我收到課程通知，才看到詳細的課程安排和學員名單。我一看通知，頓時傻了眼：原來，這期課程是關於大學畢業生的商務禮儀和個人修養的。除了課程安排之外，還「無情」地附著暴露年齡的學員名單——參加課程的一共有五十個同學，只有三個人年齡超過三十歲。其中，一個是班導師，三十五歲；一個是副班導師，三十三歲；還有一個就是我，三十六歲。天哪！我的年紀最大。其他同學都是大學剛畢業的、二十多歲的「小朋友」。拿著這份名單，我忍不住無語望天：我好歹也工作十多年了，早已熟諳商務禮儀，也自認具備個人修養，還有什麼好學的？再說，跟我一起學習的在我看來都是「小朋友」，我覺得自己在他們身上學不到什麼了。我都快四十歲了，孩子都上幼稚園了，還跟這些「小朋友」一起上課？實在是太浪費我的時間了。我決定不

參加這次課程。

可是，現實已經由不得我了。因為，同去的「班導師」，是政府相關部門的主管，之前就是他發邀請函給我的。當他得知我積極報名去進修時，特別開心，還說到 B 市可以好好交流學習。如果我這樣退出了，那麼豈不是辜負了他對我的期望？我心中實在很糾結。後來，我想到一個折中的辦法：要不就和「大部隊」一起出發吧，等到了 B 市，我再找理由開溜。這樣既能展現出我的誠意，也不會耽誤工作。

於是，我隨著眾人一起去了 B 市。這一路上，我都在思索著要找什麼藉口離開。剛到 B 市，還沒出高鐵站，我就開始查返程的車票。正猶豫著是現在就走，還是明天再回去的時候，一個同行的小妹妹跑過來跟我熱情地打招呼：「請問，您是海歸協會的祕書長安妮嗎？」我點點頭說：「是啊。」她說：「哎呀，我是您的粉絲啊！真沒想到能在這裡見到您，更沒想到您會和我們一起上課！我真是太驚訝了。」我雖然保持著微笑，但是心裡更加篤定了「我和他們的年齡、閱歷都相去甚遠，所以不適合一起學習」的想法。我心中想要立刻逃離的念頭更加強烈了。

不知道是不是上天有意安排的，我們到達 B 市後不久，A 市就受颱風侵襲，返程的高鐵不是延誤，就是停駛或者取消。我想要立刻搭車回去的想法是很難實現了。我心裡實在鬱悶，但又能怎麼辦呢？既然走不了，我就自己和自己玩

第三章　高手養成術：一萬小時只是起點

吧。我這顆不安分的心，只好在現實面前被迫安定下來。

我們住的是雙人標準間，我和一個二十二歲的小妹妹一起住。由於心中盤桓著「不情願」的情緒，我打定主意一個人安安靜靜地看看書、寫寫東西，所以和她沒有太多的交流，我也不太想與她交流。一天晚上，她出去和朋友吃飯，十二點了還沒回來。我沒有她的電話，就自己一個人先睡了。等我睜開眼睛，已經是第二天早上了，小妹妹已經睡到自己的床上了。我心裡有點驚訝。因為，我的睡眠特別淺，特別是和其他人一起住的時候。通常情況下，如果這個妹妹沒回來，我就會一直睡不著，直到她回來為止。所以，那天晚上，我其實是半睡半醒的，意識裡還在等著小妹妹回來。可是不知道為什麼，她已經睡到自己的床上了，我卻全然不知，因為我真的沒有聽到任何響動。於是我問她：「妹妹，妳昨天晚上幾點回來的啊？」她說：「大概一點吧。」「我怎麼完全沒有感覺到妳回來？」我很好奇。「我怕打擾到妳，所以動作很輕。我不敢開燈，也不敢沖澡，我看姐姐白天很累的樣子，怕一打開水就吵到妳，所以想回到房間就悄悄睡覺，等早上起來再盥洗。」這個小妹妹的一番話把我感動了。她真的是一個很善良的小妹妹。同時，我也為自己先前的想法感到慚愧。我覺得她是一個小朋友，沒有什麼地方值得我學習，所以連和她交流的欲望都沒有。可是反觀她的行為，她才是值得我學習的對象。她的無私和我的自私，形成了鮮

明的對比。

　　第二天,課程開始了,一位老師向大家講授商務禮儀。我其實不太想聽,因為我覺得我的商務禮儀已經很好了。所以,我特意找了一個靠角落的位置,一邊「聽課」一邊用電腦處理工作。突然,我聽到同學們都笑了起來,但是因為我一直埋頭工作,所以完全不知道他們在笑什麼。我也沒理會,繼續工作。過了一會兒,他們又笑了。這時,我才好奇地停下來,想看看大家都在笑什麼。我開始觀察這個講禮儀的老師。原來,她一直在講故事。講她當老師的故事,講她曾經因為禮儀不當而發生的尷尬,講她和她先生的故事。她講得很生動,也很投入,難怪同學們這麼喜歡聽。我突然發現,這個老師很厲害,她不是照本宣科,而是結合自己生活中的例子,把商務禮儀講得如此生動。這是多麼神奇的一種能力!

　　我停止了工作,開始和同學們一起認真聽課。在這個過程中,還參與了老師安排的幾個練習,大家都玩得很開心。

　　我發現,當我投入的時候,時間並不像我想像中的那麼難熬。在每一位同學身上,我都可以看到、聽到、學到不同的東西。課程結束的時候,老師說,希望大家能推舉一位同學,上臺分享一下心得體會。這個時候,大家竟然齊刷刷地邀請我上臺。我十分驚訝:這幾天,我就是個隨時打算溜走的「隱形人」,表現也不突出,怎麼會被推選出來呢?老師問

第三章　高手養成術：一萬小時只是起點

大家：「你們為什麼推選唐同學啊？」這班可愛的弟弟妹妹說：「因為她是美女作家，她最有學問和經驗。」在同學們的熱情鼓勵下，我上臺分享了我這幾天的真實感受。我說得很誠懇。我坦率地告訴同學們，我太自大了，我來的時候就一直想著要溜走。幸運的是，我沒有走成，才有了這個與老師和同學們近距離交流的機會。我對同學們說：「三人行，必有我師。在座的每一位同學，都是我的老師。」同學們也被我感動了。他們告訴我，其實他們很喜歡我，也希望能更加走近我。

我開始反思自己的所思、所想、所為。從小到大，我都喜歡跟比我優秀的人做朋友。對於那些初出茅廬的小朋友，我很少與其打交道，因為我覺得浪費時間。經過這幾天的學習，我發現自己太狹隘了。每個人都有他的長處，都有我可以學習的地方。我知道了：只有自知「無知」，才能永遠保持一顆求知的心。

不管是比我優秀的、比我「稚嫩」的，還是比我年長的、比我年少的，都可以成為我的老師。大地之所以能承載萬物，是因為它的深厚和它包容一切的胸懷。這也一直是我嚮往和追求的境界。

和「小朋友」上課的這幾天，我起碼學到了三點。第一，要保持一顆善良的心，盡可能地為他人著想。和我住同一間

房的小妹妹，就用她的行動替我上了一堂課。第二，要會用故事「活化」枯燥無味、難以理解的教科書。商務禮儀老師講的一個個生動的故事，就把同學們一次又一次地逗笑了。第三，真實是最有感染力的。當老師讓我上臺做分享的時候，我沒有講「套話」和大道理，而是講了這幾天我的真實感受——我想逃跑的感受、我不屑的感受、我對自己的行為感到抱歉的感受。聽完我發自肺腑的話，同學們都被感動了。因為，當時的我，足夠真誠，也足夠真實。

我的理想是成為一位大師，一個有影響力的人。而成為大師最關鍵的是，要自知無知。只有自知無知，才會永遠求知；只有永遠求知，才會一直對生命保持好奇；只有保持好奇，人生才會有無限的可能性！

安妮說

不管是比我優秀的、比我「稚嫩」的，還是比我年長的、比我年少的，都可以成為我的老師。大地之所以能承載萬物，是因為它的深厚和它包容一切的胸懷。

第三章　高手養成術：一萬小時只是起點

一萬個小時之外，是另一萬個小時

　　我辭去上市公司總裁助理的職位加入海歸協會，這一做就是十年。我的性格比較執著，有點「一根筋」──要麼不做，要麼就認真做到底。用一句話來說：有目標，沉住氣，踏實做。十年不抬頭，一抬頭，海歸協會已經做到全國海歸協會第一了。這讓我很得意。這個成績證明了我努力的方向是對的，也證明了我是有價值的。協會工作對於我來說已經輕車熟路，團隊在我的培養下也日益成熟，我的工作越來越輕鬆了。但與此同時，以前那種目標感極強，每天都像打了強心針的狀態，好像不復存在了。因為一切都感覺 So easy（這麼容易），我的工作似乎變得毫無挑戰了。

　　我是一個忙碌慣了的人，同時，我對自己的要求很高，不容許自己退步。然而，人生就像逆水行舟，不進則退。這種很輕鬆的感覺說明，我已經沒有更高的目標了，或者說我正在退步。這讓我感到惶惑。正巧有一天，一位優秀的企業家約我聊天。他已經六十多歲了，是當地一位非常有名望的老先生。他的企業做了四十多年，是全國行業百強企業。

　　這位老先生是一位儒商，他特別喜歡中華傳統文化。他說，他的理想就是把中華傳統文化發揚光大。老先生告訴我，現在的人都學佛家、道家，沒有多少人真正踐行儒家文化了。他說，他的使命就是把孔聖人的精神傳播出去。因

此,他們公司每天開晨會都要先拜孔子。老先生說,自己是有天賦使命的,那就是讓儒家文化深入人心,深入社會,讓更多人能接受並運用儒家文化,要讓儒家文化對這個世界產生更積極的影響。老先生對我說:「安妮,妳也要有妳的使命。」於是我就問:「我的使命是什麼呢?」他說:「妳要讓海歸青年找到自己的方向,讓他們身負正氣,走向正確的路。現在太多海歸找不到人生的方向了。青年肩負著未來的希望,妳有這個能力,也有這個義務去引領和幫助他們。」這個使命聽起來好宏大,我不知道自己有沒有這麼大的能力和這麼大的格局去引領他們。老先生接著說:「安妮,妳喜歡普通,就可以普通地活著;妳喜歡特別,就可以特別地活著。我相信,妳是一個喜歡特別的人。妳的生命要變得更有意義,才不枉此生。」老先生的這番話觸動了我。我決定好好思考,我到底要如何生活。

做社團這麼多年,我還是有所感悟的。真正能服務於會員的,不是具體做了多少事,而是能在思想上給予大家多少正面的、積極的影響。而祕書長正是一個社團的靈魂。真正優秀的祕書長,不僅僅是一個處理事務的祕書長,更是一個精神領袖。他是有靈魂屬性的。祕書長應該意識到,自己肩負著天賦的使命 —— 正心誠意,成人達己。讓這個社團的成員因為他的存在而變得更好,更愛這個世界。

我透過十年的努力,取得了現在的成績,讓自己成為一

第三章 高手養成術：一萬小時只是起點

個優秀的祕書長。但，這僅僅是一個開始。前路漫漫，我還要走很長的路。仔細想想老先生說的話，我要去引領身邊的海歸青年，但前提是我自己要先變得優秀，變得卓越，變得不可替代。我只有成為更好的自己，才能在更大程度上成就別人。在老先生的啟迪下，我開始制定自己第二階段的計畫——把自己變成一個卓越的人。我不甘於平庸，我要變得卓越。

我開始為自己制定目標。首先想想，什麼能影響和幫助別人呢？我覺得，是文字和語言。於是我開始每週看一本書，每天晚上寫心得，並且把心得分享給身邊的小夥伴，讓大家傳閱。剛開始有各種阻撓，比如：有時工作忙，有時要帶孩子，要想每週看一本書，真的很難堅持。但是，要想變得卓越，就要走出舒適圈，讓自己感覺「不舒服」，這樣才能進步。於是，我強迫自己努力看，認真看，如果實在沒時間看書，就聽書。一定要保證自己的閱讀量。這個習慣在艱難地堅持了一個月以後，終於很好地保持了下來。之後，我開始計劃自己寫一本書。有了輸入，就要開始輸出。我從來沒有寫過書，但我相信我可以完成。書籍是能影響和改變人類的。我計劃這本書有三十五個故事，每個故事都是勵志的，透過這些故事，傳遞出我的思想和正能量。我相信，一個有思想的人，一定能形成自己的影響力；一個有思想的人，能在人群中發揮引領作用。後來，新書出版了，影響很大。很多小夥伴跟我說，看完以後很受益，希望我能繼續寫下去。

除了文字,語言也有很大的能量,能影響和鼓舞別人。於是,我決定學習演講。制定目標是一件很開心的事,但是執行起來,卻是很痛苦的。我是一個理性思維很強的人,我也不怯場,每次上臺講話,我都喜歡用理性去說服別人。但我的演講效果總是很普通,不出彩。我決定改變這種狀況。於是,我找了一位老師,專門指導我演講。這位老師講了很多技巧。最後,他告訴我:「說那麼多也沒有用,妳要是真想提高妳的演講水準,只需要做到一件事,那就是講滿五十場。等妳講完五十場,再來找我,我再告訴妳下一步要做什麼。」我感覺自己天生就比較愚笨,所以我很勤奮。我從來不質疑老師的觀點,我只是百分之百執行。我開始找各種機會演講。我演講的目的就是傳播我的價值觀和正能量。我希望透過我的語言對身邊的朋友產生正面、積極的影響。

剛開始時,依舊是「講者平平,聽者寥寥」。但是,當我講完第三十八場的時候,奇蹟發生了:很多大學找到我,希望我能替大學生演講,演講主題由我定。因為,他們聽說我的演講很有正能量,希望我能把這種精神傳遞給在校的大學生。

現在,我每年都要為自己制定目標。在我看來,生命的價值不在於活了多久,而在於能否對這個世界產生積極的影響。固守在自己的舒適圈總是輕鬆的,提升和改變自己都是痛苦的。然而,所有的輝煌和精彩,都是從痛苦中得來的。每個優秀的人,對自己都是殘酷的。

第三章　高手養成術：一萬小時只是起點

　　經歷了一萬個小時的刻意練習，再制定新的目標，經歷另外一萬個小時。因為我知道，人生就是用來打破和拓寬的！走出舒適圈，讓自己有點「不舒服」，那才證明你一直在走上坡路！

　　人生就像一齣戲，沒有完美的劇本，但可以有完美的演技。要麼不演，要麼就好好演。不能拿奧斯卡，也要拿個金像獎。因為，我們要對得起自己的時間。最重要的是，我們要對得起自己的人生！

> **安妮說**
>
> 固守在自己的舒適圈總是輕鬆的，提升和改變自己都是痛苦的。然而，所有的輝煌和精彩，都是從痛苦中得來的。每個優秀的人，對自己都是殘酷的。

時間寶貴，學習更重要的能力

　　小時候，我看過一部紀錄片，片子的主角是一個美麗的女孩。她是一個語言學家，會講五種外語 —— 英語、日語、法語、德語和西班牙語。片中有一個鏡頭，一直鑴刻在我的腦海裡：這位美麗的女孩，穿著一襲素雅的旗袍站在舞臺上，

用五種外語向人們介紹中國。這個場景真的把我打動了。我深深地覺得，一個女人最優秀的特質，就是擁有令人讚嘆的才華。任何外在的物質條件和她的才華比起來，都如同浮雲。這位會說 N 國語言的語言學家的美麗形象，深深地印在了我的腦海裡。我希望未來有機會，我也能成為一名語言學家。這個念頭就這樣種在了我的心裡。

　　有一次，我和幾個朋友去一家西餐廳吃飯。在餐廳中央的地毯上，擺放著一架紅色的 Yamaha 鋼琴，鋼琴旁邊還布置著蠟燭和玫瑰花瓣，氛圍甚是浪漫唯美。跟我們同行的一個女孩情不自禁地走上前去。她用手輕撫了一下琴鍵，臉上難掩心動的表情，她坐在琴凳上，行雲流水般彈奏了一曲。這首曲子太好聽了，我們都聽得呆住了。認識她這麼久，竟然不知道她還有這樣的本事。整個餐廳的賓客也都沉浸在優美的琴聲中。加上這個女孩本身顏值就高，在這浪漫的環境中，坐在紅色的鋼琴旁，她簡直就是一個「鋼琴女神」。她彈完之後，餐廳經理急忙過來跟我們打招呼。他頻頻讚嘆，說這位女孩彈得太好了，並且客氣地詢問，能不能邀請她再彈奏一曲。餐廳經理解釋說，今天本來已經安排了鋼琴師為大家演奏，但是那位老師突然生病了。現在冒出來一個「鋼琴女神」，他太驚訝，也太驚喜了。在他真誠的邀請下，同行的女孩欣然應允。為了向我們表示感謝，餐廳經理替我們安排了一個特別好的位置，不僅全單幫我們打了折，還贈送了一

第三章 高手養成術：一萬小時只是起點

瓶紅酒。我們都覺得好開心。因為她，我們都「沾光」了。從那以後，這個女孩就一躍成為「鋼琴女神」，在我心中的形象也更加美好了。

因為這件事，我對她無比仰慕。我也好希望自己能掌握一門樂器。從小到大，父母對我的管教一直比較寬鬆，從沒有強迫過我學習。小的時候，我很喜歡畫畫，但是因為每次畫畫都會把衣服弄得很髒，所以奶奶不同意我繼續學習，我也沒再堅持。後來，我學過電子琴，因為感覺很枯燥，又放棄了，導致我現在「一事無成」。其實，我有點希望父母當時能更嚴厲一些。在美國，有一個很有爭議的耶魯大學教授，人們叫她「虎媽」。她對兩個女兒的管教出了名的嚴格。在女兒很小的時候，就逼著她們做了好多事。後來，她的大女兒14歲就在卡內基音樂廳演奏鋼琴，17歲就被哈佛和耶魯大學同時錄取；小女兒12歲就成為耶魯青年管絃樂團首席小提琴手。我那時想，我要是有個「虎媽」該多好啊！我天生就是喜歡被要求的人，可是我的父母偏偏對我的管教比較「隨性」。於是，我只能長大以後自己要求自己了。

開始工作以後，我沒有忘記曾經的夢想。我要當一名語言學家，我還要學鋼琴。不過工作以後特別忙，經常朝九晚九，有時候週末還要加班。特別是有了孩子以後，時間就變得更加緊張了，因為只要有一點點空閒，我都要去陪孩子。但是，我始終沒有忘記自己的夢想。我的性格是，想到就

去做,絕不拖拉。於是,我就在工作的同時,報了一個日語班、一個法語班、一個鋼琴班。就這樣,我的生活變得更加豐富和忙碌了。

來看一下我的日程表:週一和週三晚上學日語,週二和週四晚上學法語,週六上午學鋼琴,週日全天帶孩子。這樣算下來,我每週只有週五晚上和週六下午有空,連去健身房和美容院的時間都沒有了。如果偶爾加個班,我的計畫就會被打亂。不過,我向來喜歡計劃和忙碌,我就按照這個日程表來安排我的時間。

剛開始的那一個月,我每天都在趕時間:早上要趕緊起來上班,下班以後要趕緊去上各種課。因為老師不等人,如果我遲到,那麼課時費照樣扣。下課以後,我又要趕緊回家,因為要回去帶孩子。我就這樣每天匆匆忙忙地跑來跑去,堅持了兩個月。但是,我發現,我的日語和法語水準並沒有提高。有一次,一個日本朋友請我吃飯,我們約在一家日本人開的小酒館。菜單上全是日文,服務員也都說日語,這真是在考驗我的日語學習成果啊!那個時候,我剛剛學習日語兩個多月,本來想「顯擺」一下我的日語,可是一看那個菜單,我直接「淚奔」了——我一個字也不認識!日本朋友聽說我在學日語,用中文問我:「唐小姐,您是在學日語嗎?您會說什麼呢?說來聽聽吧。」我自信滿滿地說:「今日はとても寒いです。」(今天很冷哦。)這位日本同學繼續問道:

第三章　高手養成術：一萬小時只是起點

「還有嗎？」我繼續說：「今日は本當に寒いです。」（今天真的很冷哦。）他直接笑暈了。他以為我是在跟他開玩笑。但其實我學了兩個月，真的只會這兩句。為什麼呢？因為我只有上課的時候才學習，其他時間根本沒有練習，沒時間。

我的法語也同時崩潰了。學了兩個月，我發現學不下去了，因為真的太難了。法語的文法，還有陰性、陽性和中性的名詞，根本記不住。再加上身邊沒有法國朋友，學了也沒有人跟我練。我平時工作忙，晚上回到家又要帶孩子，一個人練口語這事，又被我忽略了。所以學了這麼久的法語，我只會做個自我介紹：「Bonjour, je m'appelle Annie, ravi de vous rencontrer. Merci.」（你好，我叫安妮，很高興認識你。謝謝。）

兩門外語的學習成果都離預期相去甚遠，只有鋼琴還稍微「靠點譜」。因為我買了一架電鋼琴，平時在家裡也可以練。有時，晚上女兒睡著了，我就開始練習。為了不吵到鄰居，我把聲音調得很小，只有自己能聽到。不過彈了這麼久，也只會彈幾首流行曲而已。要想成為大師，猜想我還有好長的一段路要走！

這種忙碌的生活，並沒有讓我感覺很開心。我雖然是一個很努力的人，但我的時間是很寶貴的。幾個月過去了，我的日語、法語和鋼琴，都沒有明顯的長進。而此時我的

團隊管理出現了問題。一位我培養了三年的會員主任，跟我提出離職。我非常驚訝地問：「從什麼時候開始，你有離職的想法？」因為我自認為和他的關係很好，對他也很關照。可是為什麼他會想離開呢？我百思不得其解。他回覆我說：「安妮，我知道妳對我很好。但是，我感覺在這裡工作沒有目標，也沒有方向。妳經常不在，我不知道未來的路要怎麼走，所以我還是希望去大公司歷練一下。」

他的這句話點醒了我。我真正需要提升的是團隊管理的能力。

我的時間本來就很寶貴，在我還沒有穩定團隊之前，就這樣把時間分割得支離破碎，去學習各種與我本職工作不太相關的技能，真的是對時間的浪費。時間要用在刀口上。我決定開始調整。團隊不穩，重點在於領導者。俗話說，沒有教不好的學生，也沒有帶不好的團隊。我開始重新規劃我的時間。

我不再去學日語、法語和鋼琴，而是花時間研究如何打造高效團隊，如何讓小夥伴都找到他們的核心競爭力，並成長為他們想要的樣子。

我不再上各類課程，而是花更多的時間與團隊待在一起，保證自己每週至少有一半時間待在辦公室。我經常找同事聊天，和大家一起加班。漸漸地，同事和我越來越有默

第三章　高手養成術：一萬小時只是起點

契，團隊越來越穩定，工作效率也越來越高了。時間寶貴，現在我最需要做的，是讓自己成為一個合格的領導者，而不是成為語言學家和藝術家！

> **安妮說**
>
> 一個女人最優秀的特質，就是擁有令人讚嘆的才華。任何外在的物質條件和她的才華比起來，都如同浮雲。

每天十五分鐘，主動遠離舒適圈

我做協會已經十年了。不知道是協會的性質問題，還是我的管理問題，我們團隊的人員流動性特別大。好不容易招聘到合適的人，培養了一段時間，可是沒過多久就會離職。有一段時間，幾乎每兩個月就會走一個人。這種重複的培養工作做起來很吃力。我曾經付出過非常多的心力培養過兩個副祕書長，希望未來他們可以接手我的工作。結果不到三年，他們就自己去創業了。這種情況讓我感覺特別鬱悶。海歸協會資源多、平臺好，接觸的人都是企業家，這些小朋友在這裡掌握了資源後，就覺得自己有能力創業了，於是都辭職下海了。

有一個海歸企業家叫 Roy，每次見到我，他都會打趣我：「唐祕書長，這個月你們又有誰離職啦？」雖然他說的是玩笑話，但讓我心裡好不是滋味。因為他說得沒錯，協會的離職率的確太高了，他說到了我的痛點。每次提到這個問題，我都感覺心很累。好不容易培養起來的人，沒過多久就走了，我又要重新開始。其實，最吃虧的人，是我呀！我決定改變這種狀態。我相信，心態變了，狀態就會變。我下定決心要穩固團隊。

團隊軍心不穩，最大的問題，在我。我是一個對自己要求很嚴格的人，也是一個很努力的人。但很多時候，我只是努力地管好自己，努力地要求自己，對團隊卻疏於管理和關心，難怪大家一個一個地走。因為他們覺得，我的眼裡只有我自己。那我要怎麼做呢？帶人先帶心。我決定花時間去了解他們，走近他們，打造團隊凝聚力，讓大家真正願意組成一個集體，然後成就這個集體。

我打算先從我的助理開始。她叫 Chloe，是一個很努力、很勤奮的女孩子，只是有的時候有些「一根筋」。我感覺她對我有距離感，不敢走近我，而我也沒有真正花時間去了解她。

我決定消除這種距離感，讓她成為信任我和我信任的人。

一天，我找來 Chloe。我問她：「Chloe，妳的理想是什

第三章 高手養成術：一萬小時只是起點

麼？」她支支吾吾地說，自己沒有想過。我覺得她可能有顧慮，不太敢跟我說。於是，我坦誠地說：「沒關係，妳想到什麼就說什麼。我也沒有要求妳一輩子待在協會，即使妳說妳想創業，也沒問題。只要是妳真正想做的事情，我都會支持妳。」她說：「安妮姐，我想做自己的品牌，我想開一家婚慶公司。」果然，她也是打算自己創業的。於是我問她：「那妳打算籌備多長時間呢？妳認為創業需要具備什麼樣的條件呢？」她回答道：「我覺得要籌備個兩三年吧……我也不是很著急。創業需要資金、人脈資源和能力。」她邊想邊說。看來，她是認真考慮過的。我說：「好的，我明白了。創業需要資金、人脈資源和能力，那對於這幾項，妳分別給自己打幾分呢？最低分是一分，最高分是十分。」Chloe 低著頭，認真地想了一會兒，然後說：「安妮姐，我現在沒有很多錢，如果一定要打分的話，那麼資金大概打三分吧；人脈也不是很豐富，可以打四分；能力的話，我給自己打五分。」我說：「非常好，請記住妳今天給自己打的分數。這將是妳未來努力的目標。讓我們一起來制定一個三年計畫，希望妳能逐步實現妳的理想。」

那次談話之後，Chloe 更加努力了，每天工作都很認真。

每隔一段時間，她都會主動找我聊天，告訴我她現在的分數漲了多少，她需要什麼幫助，她做得怎麼樣。我發現經過這樣的溝通和交流，我和她的距離越來越近，我們的心也

越來越近。有一次,我的車壞了,想趁出差的時間把車拿去修理。Chloe 聽說了,主動說她來幫我處理。她開車送我到機場,然後幫我把車開到保養廠,到了那裡她打電話給我:「安妮姐,這裡修車太貴了,我幫妳開到我家樓下修吧。那間店鋪是我家親戚開的,可靠還便宜。」我說,沒問題。等我回來的時候,她開著修好的車來接我。我一看,真的處理得滿好的,完全不亞於保養廠。我問她多少錢。她說,自己家親戚修理的,所以不需要支付費用。我們一起回到辦公室,Chloe 早早就安排同事幫我把冷氣打開,並在桌上放了一杯泡好的花茶和一盒水果。我說:「咦,這是誰安排的?」她回答:「是我,安妮姐。我看妳出差回來,連家都沒回就直接來辦公室,一定很辛苦,於是就買了些水果。知道妳減肥,所以沒有準備蛋糕。」她笑了笑。我突然發現,這個小助理越來越貼心。其實,我並沒有做什麼了不起的事。我唯一做的,就是花時間去了解她,走近她,傾聽她的夢想。

有了 Chloe 這個成功的案例,我決定每天花十五分鐘,找一位同事聊聊天。我第二個找的人是 Coffee。一天下午,我找到他:「Coffee,我想跟你聊聊,跟你談談你的理想。」Coffee 很直爽地說:「安妮姐,我挺喜歡在這裡工作的。妳要問我的理想是什麼,我希望能提升自己的職位。」Coffee 的回覆讓我很驚訝,原來他希望從業務員升遷到管理層。看到他這麼有鬥志,我真的無比開心。我說:「那你覺得,做一

第三章　高手養成術：一萬小時只是起點

個管理者需要具備什麼條件？」他說：「需要有管理能力，高EQ，以及溝通能力。」我說：「非常好，那你給自己的管理能力、EQ和溝通能力分別打幾分呢？一分最低，十分最高。你用分數來評估一下自己現在處於什麼階段。」Coffee 回答說：「應該都是五分吧。」我說：「很好。如果你替自己設定一個時間期限，在這個期限內，要從五分增加到十分，你希望這個期限是多久呢？」Coffee 斬釘截鐵地說：「一年。」於是，我跟他說：「太好了！我很開心你對自己已經有了清晰的認知和細緻的規畫。我會努力幫助你的。讓我們一起提升你的各方面能力，讓你早日達成你的目標。」和 Coffee 溝通以後，他的變化非常大。以前他的性格是比較直率的，想到什麼就說什麼，經常讓同事感覺很不舒服。他為了提升自己的EQ和溝通能力，每次與同事說話時，都會先思考一下，再發表意見。他改正了自己的不足，同事對他也越來越接納，越來越喜歡。團隊的凝聚力越來越強，工作效率也越來越高。

就這樣，我每天用十五分鐘，找同事溝通。我真誠地關心每個人的目標和夢想，然後告訴他們：我就是來成就你們的。不管你們的目標和夢想是什麼，只要是有利於個人發展的，也有利於團隊的，我都會努力去幫助你們實現它。漸漸地，我發現，人都是渴望被傾聽和關心的。當你開始傾聽他們的心聲，關心他們的夢想時，他們就會離你越來越近。心近了，團隊力量就更大了。並且，我是發自內心希望他們成

長進步,希望他們變成最好的自己。我的這份初心,他們也真真切切地感受到了。

以前的我很怕麻煩,總感覺自己超級忙,沒時間去關心他們。後來我知道了,心不近,做任何事都沒有用。當我決定做出改變的時候,我努力走出自己的舒適圈,真真正正花時間在他們身上,整個團隊就發生了奇妙的變化。我好像一塊磁鐵,把大家吸引到了一起。產生這種「磁力」的原因,只是我每天要求自己,花十五分鐘去找一個同事真誠溝通。不要小看這十五分鐘,它帶來的改變和影響是巨大的。

你變了,世界就變了!每天十五分鐘,主動遠離舒適圈,讓我們一起改變我們的內心,讓這個世界跟著我們一起改變!

> **安妮說**
>
> 人都是渴望被傾聽和關心的。當你開始傾聽他們的心聲,關心他們的夢想時,他們就會離你越來越近。心近了,團隊的力量就更大了。

第三章　高手養成術：一萬小時只是起點

第四章
讓工作有溫度：
熱情 × 使命感的黃金比例

儘管向人生傾注你的全部熱情吧，因為它一滴都不會流失。

第四章　讓工作有溫度：熱情 × 使命感的黃金比例

你才是自己的主角

有一次，我去歐洲旅遊，參加了一個旅行團。同團有一個美麗的姐姐，她是一家上市公司的董事長（她是我見過的最美麗的上市公司的董事長），同時，她還是一位作家。她出過兩本書，投資過一部當紅電影，自己還出任電影編劇，真的特別有才華。我對她充滿了好奇，很想走近她。但是我感覺她有點高冷。她全程都自己跟自己玩，不太搭理我們。

我只能遠遠地觀望她，不敢走近她。

我這個人在生活上一向大大咧咧。用我先生的話來說，假如他出差一個月，恐怕我會把家裡給「炸」了。因為我一會兒忘記關冷氣，一會兒忘記關風扇，有時甚至忘記關煤氣。旅行時也是這樣。在和這個「高冷姐姐」一起旅行的過程中，我鬧了不少笑話。

那天晚上，我們在歐洲的薩爾斯堡入住飯店，已經是深夜了，大家都很疲憊。我們一行人坐在飯店大堂的沙發上，等待導遊發房卡給我們。我隨手就把手提包放在了沙發上。終於，導遊叫到了我的名字，我馬上站起來去拿房卡。拿到以後，我就開心地拉著箱子往房間走，心想：終於可以回房間了，我要趕緊睡覺。於是，我越走越快。那個時候，我已經全然忘記了還有一個手提包。手提包裡有我的護照、信用卡、現金……

所有旅行中重要的東西。導遊發現以後，立刻追著我：「唐小姐！唐小姐！妳的包忘記拿了。」但是，我完全沒有聽到。因為我跑得太快了，一下子就不見了人影。等我到了房間，打開箱子，把東西收拾好，想看一下明天的行程時，才發現我的手機不見了：「咦？我的手機呢？……我的包呢？天哪！」我頓時手足無措。就在這個時候，門鈴響了。我打開門，導遊站在門外，氣喘吁吁地說：「唐小姐，您跑得太快了，您的包落在大廳沙發上了。」我連忙對導遊表達感謝。如果手提包丟了，那麼我真的不知道該怎麼辦了。像這樣丟三落四的事在歐洲頻頻發生，全團的人都為我這大大咧咧的性格捏把汗。

後來，導遊對我產生了好奇（可能是因為我太「糊塗」，所以引起了他的好奇心）。一天晚餐的時候，他問我是從事什麼職業的。一提到我的工作，我的腦子就「清醒」了。我像打了強心針一樣，立刻轉換頻道，開始向大家介紹海歸協會，介紹我們的活動，我們的平臺，我們的資源，以及我們的使命。我足足講了半個多小時，大家聽得聚精會神，全被我吸引了。

不了解我的人，覺得我腦袋「少根筋」；了解我的人，認為我是個工作狂。此時此刻，大家都感受到了我對工作的熱愛，同時，也被我的這份熱愛感染了。

旅行回來以後，有一次，我去這位「高冷姐姐」的公司開

第四章　讓工作有溫度：熱情 × 使命感的黃金比例

會。一見到我，她的幾個同事就異口同聲地說：「妳就是海歸協會的祕書長安妮啊？我們老闆經常開會表揚妳。」我很驚訝：「表揚我，表揚我什麼？」她們說：「我們老闆經常提到妳在歐洲的事，說妳平時就像『少根筋』一樣，但一談到工作，就立刻滔滔不絕。我們老闆說了，做一個優秀的人就要像妳一樣，把工作當作生活一樣去用心經營，甚至要超越生活。」

本來，我自己沒有什麼感覺，但她們的這番話說出了我的心聲。很多人曾經問我：「唐祕書長，做協會不就是一份工作嗎？又不是妳自己的事業，做到最後，這個平臺也是屬於別人的，妳為什麼要那麼拚命呢？」我的回答是：「我從來不在乎這個平臺能給我多少薪資，或給我多少福利。我在乎的是，我能不能在這裡學到東西，我能不能獲得成長，我能不能變成我想要成為的樣子，以及我能不能幫助和成就別人。我工作不是為了其他人，而是為了我自己。很多人都說想要『升遷』，但首先，我們得『增值』。只有我們『增值』了，『升遷』才會變得水到渠成。」

記得有一次，我們協會要主辦一次女性論壇。主管很希望邀請一位上市公司的女總裁作為嘉賓。碰巧，我認識這位女總裁。只是她比較高冷，很難約。我嘗試著邀請她，告訴她，希望她能來擔任我們的演講嘉賓。不出所料，她拒絕了我。她說，她的工作實在太忙，沒有時間來參加我們的活

動,希望我們理解。本來,這件事就這麼結束了。但是,我發現,我們的會員後臺中,大家對這位女總裁的期待值和呼聲是最高的,很多人都想見到她本人,都希望我們能邀請到她。我又嘗試聯絡她,剛開始,她沒有回覆我。於是,我傳訊息給她:「親愛的劉總,我知道您平時工作特別忙,請您抽出半天時間來支持我們的活動,的確有點奢侈。但是,您或許不知道,在 A 市眾多的海歸之中,您是一個傳奇。很多優秀的海歸女性都需要您的精神引領。您如果能來分享一下您的工作和生活,對她們來說將是莫大的鼓勵。真心希望您能抽空支持一下我們。同時,也感謝您對 A 市眾多海歸女性的支持。」我希望我能感動她,說服她。

剛開始,都是我一個人在唱獨角戲。但我沒有放棄,連續一個月,我每天都傳訊息給她,讓她感受到我們希望邀請到她的真誠。

有一次,我在她的社群動態看到她說,因為最近出差比較多,喉嚨發炎,說不出話來。於是,我聯絡朋友從海外買了最好的保護喉嚨的藥,寄到了她的辦公室,祝她早日複康。她簽收了。然後,她傳了一個訊息給我:「謝謝妳。」

又有一次,我知道她的企業在招聘,正巧我身邊有個比較符合她預期的候選人。於是,我主動聯絡這位女總裁,把候選人的履歷發給她,跟她說:「劉總,我看到您公司在招財務總監。我推薦給您的這位候選人從事財務工作十二年了,

第四章　讓工作有溫度：熱情 × 使命感的黃金比例

大學和碩士都是財務科系。雖然不知道是否符合您的標準，但可以供您參考。」後來，聽說這位候選人被錄取了。

這位女總裁終於被我感動了。她回覆我說：「安妮，我答應來參加妳的論壇。但是，我想告訴妳，我來參加妳的活動，不是因為別人，而是因為妳。妳太堅持了，我被妳的這份堅持感動了。」她終於出現在論壇現場，成為我們那次活動中最閃亮的一位嘉賓。

其實，我完全可以換一位演講嘉賓。換成其他人，我花費的時間成本可能更低。我自己會有更多的時間看書、運動、休閒、陪孩子。沒有任何一個人要求我：「安妮，這個論壇必須請到劉總。」沒有任何一個人跟我說：「如果請不到劉總，這次論壇就做不下去了。」我為什麼一定要邀請她？因為我知道，我的海歸會員喜歡她。他們渴望見到她。我要幫我的會員實現這個夢想。

做自己工作的主人，其實就是做自己人生的主人。我從來沒有把工作當成任務，而是當成我的事業。當我努力完成工作的時候，我其實是在努力實現我自己。我對工作的這份堅持和高要求，也會感染身邊的人。我的人生路，會因此越走越寬，人也會越來越有競爭力。

人是要有一點使命感的。做事不能只是為了眼前的利益。有使命感的人，會把人生的主動權握在自己手中。有使命感的人，會發現，人生總會有不期而遇的驚喜和生生不息

的希望。比人生的出場順序更重要的，是自己掌握自己的人生，做自己人生的主人。因為，沒有任何一個人能為我們的人生買單，能買單的那個人，只有我們自己！

> **安妮說**
>
> 我從來不在乎這個平臺能給我多少薪資，或給我多少福利。我在乎的是，我能不能在這裡學到東西，我能不能獲得成長，我能不能變成我想要成為的樣子，以及我能不能幫助和成就別人。我工作不是為了其他人，而是為了我自己。

熱情：把有意義的事變得有意思

每年年末，我們海歸協會都會舉辦年會。每次年會，都會邀請所有會員以及合作夥伴來參加，希望大家見證我們協會的發展和成長。這是我們協會一年中最重要的一次活動。

從 2014 年到 2017 年，連續四年，每年我都會準備一份二十多頁的 PPT，把這一年我做的全部工作列上去，生怕遺漏了什麼。想要把這份 PPT 裡面的內容全部講完特別有難度，因為實在是太多了。匯報的時間只有十五分鐘，我需要

第四章　讓工作有溫度：熱情 × 使命感的黃金比例

在十五分鐘內把我這一年做的事情全都講完，而且要講透，這可是個技術工作。每次修改 PPT 的時候，我都很為難，因為內容太多了，但每部分我都想講，都捨不得刪，太考驗我了。

2017 年年會，作為祕書長的我上臺做工作匯報。我按照往年的邏輯，向大家匯報這一年我們協會取得的成績：新加入了多少會員，現在的規模是如何龐大；辦了幾百場活動，影響力是多麼巨大；承辦了多少場政府的論壇活動，得到了主管多少肯定和認可等等。講著講著，我就忘了時間。我只知道，內容太多，我需要抓緊時間，於是我就講得很快。然後，我看到臺下的觀眾，有人玩手機，有人離開座位，有人交頭接耳……大家都是一副興趣缺乏、心不在焉的樣子。

好不容易匯報完全部工作，同事告訴我：「安妮姐，妳已經超時二十分鐘了。」天啊！我足足講了三十五分鐘！以致整個年會進程都要往後拖。我感到很抱歉。

這次活動結束後，一位姐姐和我碰面時，跟我說：「安妮，我覺得妳在年會匯報工作的時候，講得太多了，沒有展現妳的特質。」我說：「可是我們真的做了很多事情啊，真的有很多內容要講，我已經努力講得很快了。」姐姐繼續說：「可是妳講完之後，我什麼也不記得，只記得妳講了好多東西，但是沒有重點。」姐姐的這番話點醒了我。我經常要在各種場合匯報工作，匯報工作也是一個技術工作，考驗的是匯報

的技巧。我發現，每次我匯報工作都是在唸 PPT，都在迫不及待地想快點把 PPT 唸完。我完全忽視了臺下觀眾的感受。我飛快地講了一大堆，他們一句話也記不住。他們唯一的感受就是，我如同機槍一樣，劈里啪啦地匯報一通，根本不在乎大家聽到了什麼。因為大家無法和我「共情」，他們也沒有被我打動，所以他們才會頻頻看手機，頻頻離場。我沒有做到「焦點在外」，我關注的只有我自己。然而，真正有效的匯報，不是「說得多」，而是「被聽到」。只有觀眾聽到了，接受了，才是成功的匯報。

我決定改變這種狀態。我要把枯燥的匯報變得有意思。

2018 年年會又到來了，我決定在這次匯報上做出調整。首先，我不打算把我全年的工作都列上去了。就像那位姐姐說的，我講了那麼多，大家也記不住。其次，我不打算再唸稿了，我不準備讓 PPT 成為主角，我要讓臺下的觀眾成為主角，我要想辦法感動他們。本著這兩個原則，我開始重新設計 PPT。我把這個 PPT 分成四個部分。第一部分，我準備講我做協會這些年的變化。協會改變了我，也塑造了我，我的成長都來自協會。因此，在匯報的時候，我把自己作為一個「產品」展示給大家，我的改變其實就是對協會工作最大的肯定。第二部分，我要對身邊重要的人表達感謝。在奧斯卡、金像獎頒獎典禮上，獲獎的明星都會對曾經支持和幫助他們的人表達感謝。感謝其實是最打動人以及最煽情的方式，也

第四章　讓工作有溫度：熱情 × 使命感的黃金比例

是最能引發臺下觀眾共鳴的方法。第三部分，我會簡要挑幾項重點工作介紹，並且只說數據，不深入展開工作內容。第四部分，我會對未來進行規劃和展望。這個部分，我將設計「共情」的節奏，邀請觀眾和我一起，共同建設海歸協會，使其不斷成長壯大。

匯報開始了，我用一個故事作為開頭，引出我的第一部分內容：「大家好，我是 A 市海歸協會祕書長安妮。今天外面下著暴雨，但是看到大家都如約到達我們的活動現場，讓我感覺今天來到這裡的朋友，都是真愛。」一句玩笑讓現場響起了笑聲和掌聲。

「五年前，我看過一個採訪。主持人問張柏芝：『在妳的人生中，妳最害怕的是什麼？』張柏芝回答說：『我害怕變醜，我害怕變胖，我害怕變窮。』她的回答，對我的觸動非常大。變醜、變胖、變窮，這不正是我所害怕的嗎？我對她的話產生了一種共鳴。當時，我想，如果未來有人問我：『安妮，妳人生中最害怕的是什麼？』我覺得，也是這三件事。然而，在海歸協會工作了這些年以後，今天，如果再有人問我：『安妮，妳人生中最害怕的是什麼？』我覺得是：『失去愛的能力，以及失去對這個世界的好奇心。』現在的我，已經不再害怕失去外在的任何東西，而是害怕自己的內心沒有力量。到底是什麼給了我這種力量呢？我認為，是海歸協會這個大平臺。是它成就了我，圓滿了我，讓我變成了最好的

自己。」我透過一個故事,完成了第一部分的匯報。透過匯報我自己的成長來告訴大家,這個平臺到底有多好。這是我第一次在匯報工作的時候講故事。我發現,臺下沒有人看手機,也沒有人離場。大家都在聚精會神地聽我說,我已經把他們吸引了。

我說:「我覺得我的成長,離不開一個人,他是我生命中最重要的男人……之一。」全場笑了,我接著說,「他就是我們的會長,也是我的伯樂。那個花了八個月時間,把我從上市公司挖過來的人。」我講了我和會長之間的故事,還講了一個我和會長之間有趣的細節,引得全場哄堂大笑。講完和會長的故事以後,我就開始表達心中的感激之情。感謝會長慧眼識人,感謝團隊全力以赴地成就我。當我講完這個部分的時候,我看到臺下有人在抹眼淚。其實,那一刻,我也實實在在地把自己感動了。當我感動了自己的時候,我相信,我也感動了臺下的觀眾。

第三部分,我進入工作總結。這一次我沒有匯報「流水帳」,而是列舉了數據。例如,加入了多少個會員,完成了多少場活動……只用了一張PPT,就把重要的數據全部列了出來。

第四部分,我展望了未來。「人生只有一次,因此更值得我們仔細設計。在我看來,我這輩子就是為了做社團而生的,我是有使命的人。我肩負的使命就是讓自己幸福快樂地

第四章　讓工作有溫度：熱情 × 使命感的黃金比例

活著,同時,讓我身邊的人都幸福快樂。希望大家加入我們的隊伍,一起共建幸福快樂的家園,讓這個世界因為我們的存在而變得更加有愛,更加美好!」這次工作匯報取得了很好的反響,很多小夥伴事後傳訊息給我,說被我的講話感動了。他們覺得我的變化太大了,同時看到了我的成長。其實,我只是用熱情把有意義的事變得更有意思了。如果能投入全部熱情,把每件有意義的事都能變得有意思,那我們的人生將會變得無比有趣!

> **安妮說**
>
> 「安妮,妳一生中最害怕的是什麼?」
> 「失去愛的能力,以及失去對這個世界的好奇心。」

使命感:把沒那麼有意思的事變得有意義

每個星期一的早上,我們團隊都會開例會,安排這一週的工作,這個習慣已經堅持了很多年。有的時候,整個團隊都很忙,一週或許只有這一個機會能見面討論工作。我的要求是,平時可以請假,但星期一早晨的例會不允許請假。

> 使命感：把沒那麼有意思的事變得有意義

因為堅持了太多年，這個「例會」已經慢慢變成了「例行公事的會」。同事雖然都很重視，全員出席，但是我感覺，這個會議越開越「悶」，越開越「無聊」。同事先逐個匯報自己的工作，然後大家一起討論工作的重點和難點。到後來，例會變成了一項不得不完成的任務。

這讓我開始反思，星期一早上開例會的目的到底是什麼。只是為了分配任務及討論工作嗎？我覺得，並非如此。例會還有更重要的目的，那就是增強團隊的凝聚力，增進彼此的了解，讓團隊成員更有歸屬感。有沒有什麼辦法，讓越來越「無聊」的例會，變得更生動有趣，讓大家充滿期待呢？我開始思考這個問題。

我策劃了一個方案。在每週的例會上，邀請一位同事上臺跟大家分享，分享的主題自己定，時間半小時。要求：有PPT，有核心價值觀，有總結。我們團隊一共有十個人，每次例會由兩三個人進行分享，一個月正好做完一輪。其實，剛開始我也不知道這個方法是否可行，只是想，盡量試試吧。

畢竟，讓大家準備主題，與他人分享，這件事本身是對大家有益的。如今這個社會有兩種能力很重要，那就是收集整理的能力和與他人分享的能力。透過這種形式，大家的能力都能得到鍛鍊。

第四章　讓工作有溫度：熱情 × 使命感的黃金比例

　　我提出這個想法之後，同事就開始當作任務去準備了。因為我說了我的要求，要認真準備，不可以敷衍了事，所以大家還是很花心思的。第一組分享的人是 Eric 和 Coffee。Eric 分享的是「我的夢想」，他很用心地做了一個 PPT，和我們分享了他的成長故事。他告訴大家，他的夢想是做一個自己的平臺，並且把自己打造成平臺裡的 IP。我覺得分享真的很神奇，如果沒有這個機會，我從來都不知道他還有這個夢想，我以前一直以為他的夢想就是賺錢買房。他的分享讓我更加了解他，同時，我知道了他的需求，明確了未來要如何去幫助他，成就他的夢想。第二個分享的人是 Coffee，他分享的主題是「神奇的心理學」。他講了心理學的一些知識，還給我們分享了馬斯洛需求層次理論。他也讓我很意外。我平時就很喜歡心理學，但我很少在這方面進行總結。Coffee 的總結很到位，超越了以往我對他的認知。同時，我發現，Coffee 是一個邏輯思維很強的人，他能找到規律，把一堆凌亂的東西整理出條理。

　　其他同事也陸陸續續進行了分享。設計師白胖分享了他最喜愛的電腦遊戲。白胖人如其名，白白胖胖的。在我眼中，他是一位話不多、「事」不多、埋頭做事的老實人。我覺得他似乎沒有愛好，如果一定要讓他說出個愛好，那麼我猜是畫畫。沒想到，他最愛的竟然是電腦遊戲。他告訴我們，他雖然很愛玩遊戲，但是不痴迷於此，他知道玩遊戲要有分

寸。他也很愛鑽研。他曾經玩過一個關於三國的遊戲,為了更加了解遊戲背景,他特意把《三國演義》這本書看完了。他在分享的時候,還表現出了我們平時見不到的感性的一面──講著講著,他會把自己講哭。當他講起一個全球遊戲大賽的冠軍的人生故事時,他幾度哽咽,講不下去。他為這位遊戲玩家沒有拿到冠軍而深感惋惜。後來,這個遊戲玩家終於在六年後第一次奪冠,白胖興奮得像個孩子一樣。白胖說,他很感謝幫助這位玩家奪冠的朋友。看到這位玩家終於奪冠了,他比自己取得人生成就還要開心。透過這件事,我看到了,白胖是一個很感性的人,對他喜歡的東西,他會非常執著。

我們團隊的行政人員小慧也讓我頗感意外。小慧一直兼任我的祕書。她平時話不多,做事效率很高。說實話,我很少關注她,我找她多半是讓她幫我處理一些緊急的事情。她分享的主題是「我們到底要不要省錢」。原來,她很喜歡看中國一個脫口秀節目──《奇葩說》。《奇葩說》有一次辯論的題目就是「我們到底要不要省錢」。她按照自己的想法做了一次分享。她的觀點是:不要省錢,要努力賺錢。我突然發現,這個平時話不多的小女生,竟然如此幽默,好幾次都把大家逗笑了。有幾次她講到一半,突然忘記自己要講什麼了,就急忙跑過去看稿。這本來是一件很平常的事,只是她看稿的動作很誇張,好像故意引起我們注意一樣,把大家全

第四章　讓工作有溫度：熱情 × 使命感的黃金比例

部逗笑了。這是我第一次真正了解她。幽默其實是一種競爭力。以她的才華和學習能力，她不應該只做行政，她的人生應該有更多的可能。

最讓我感到意外的人是 Vicky。Vicky 是會員部的專員，平時主要負責策劃會員活動。她每次分享都準備得特別認真，連稿子都寫了好幾頁紙。她是所有同事中準備得最認真的。而且，她每次挑的主題都很有深度。從她的準備當中，我看出，Vicky 是一個很負責任的人，未來我可以把更多重要的事情交給她。

分享例會進行了一段時間之後，Coffee 跟我說：「安妮姐，我覺得您讓我們每個人在例會上做分享這件事，真的特別好。我們都覺得，這件事讓我們對每週一的例會有了期待，我們都希望快點到下週一。」Coffee 的話其實也說出了我的心聲。本來我也覺得每週一的例會挺悶的，自從加上了分享環節，我發現，大家都不再把例會當作「例行公事的會」了。每個人都懷著無比期待的心情，去迎接這美妙的時刻。透過大家的分享，我看到了每個人身上的優點和平日裡很難發現的性格特質。我更加知道未來該如何去培養和成就他們了。

分享，提升了團隊的凝聚力，也給了每個人展示真實自我的機會。

> 使命感：把沒那麼有意思的事變得有意義

　　後來，我又增加了一條規定：每位同事分享以後，其餘的同事要點評。團隊裡面最喜歡點評的人是 Coffee。然而，他點評的方式就只是批評。他經常自顧自地說一些刺耳的評論，同事不僅聽不進去，而且很反感。大家替他取了一個外號，叫「訓導主任」。於是我說，以後大家分享完，讓 Coffee 做總結點評，然後大家幫 Coffee 打分，最低一分，最高十分，如果平均分低於六分，Coffee 就要請大家吃飯。透過這個方法，「強迫」Coffee 注意他說話的語氣和態度，從而提升他的溝通技巧。因為，溝通的效果在於對方接收到多少，而不在於你傳達出多少。有趣的是，這個安排公布以後，Coffee 開始調整自己的溝通方式了。後來的幾次點評，他都是先想好後寫下來，然後很謙遜地點出對方做得好的地方，並提出自己的建議，希望對方予以改進和提升。大家表示，Coffee 的 EQ 提高了，說話方式改進了，大家也越來越喜歡和他相處了。

　　為了讓分享環節變得更有趣，我開始安排分享主題。比如：這個月以歷史人物為主題。你可以選擇一個你最喜歡的歷史人物講給大家。歷史可不能胡編亂造，需要翻閱書籍，查找網頁，搜尋資料。我希望透過這個方法提升大家的學識和素養，讓大家成為有「厚度」的人。有時，我也提議大家分享最喜歡的國度和電影等。從這之後，神奇的事情發生了，大家都越來越喜歡週一的例會，每個人都展現出了更加豐富

第四章　讓工作有溫度：熱情 × 使命感的黃金比例

的一面，彼此之間也更加了解，因為了解而更加包容，相處更加融洽。

只有把沒那麼有意思的事情變得有意義，我們的世界才會更有意義。或許，你也可以試一試。

> **安妮說**
>
> 只有把沒那麼有意思的事情變得有意義，
> 我們的世界才會更有意義。

讓每一個微小細節有溫度

2017 年年初，有一個女性論壇邀請我擔任演講嘉賓，我深感榮幸，如期應約。當時，除了我，還有一位演講嘉賓，是我熟識的企業家姐姐。我和這位姐姐坐在嘉賓席，愉快地聊著天。這時，一個年輕漂亮的女孩子走過來和這位姐姐打招呼，她們倆聊了起來。這位企業家姐姐拉著我說：「安妮，來，幫妳介紹一下。這是我乾姪女，新加坡海歸 Tiffany，我介紹她加入你們協會，妳幫我多照顧照顧。」我笑了笑，打量了一下 Tiffany：她身材高挑，白白淨淨的，一雙純真的大眼睛撲閃撲閃，笑起來非常燦爛。她笑著對我說：「安妮姐

姐好,我叫 Tiffany。」打完招呼,她就坐在了我的身邊。我好奇地問她:「妳是從新加坡回來的,怎麼妳這麼白啊?我認識的新加坡海歸都好黑。」她咯咯地笑了:「我防晒工作做得好。」就這樣,我認識了這位漂亮白淨的新加坡海歸妹妹。

那次論壇一共邀請了四位女性嘉賓,我被安排在第三個進行演講。在前兩位嘉賓演講的時候,我看到 Tiffany 全程都在記筆記。她拿著小本子,聚精會神地聽講,聽到有感觸的句子,就立刻一筆一畫地寫下來。而坐在她前後的小妹妹,不是在玩手機,就是在交頭接耳地講話。她的專注和認真讓她在人群中顯得「格格不入」。但也正是這份「格格不入」,讓她在我心裡特別耀眼。我被這個好學的「八年級」小妹妹吸引了。

之後,輪到我上臺演講了。我講完下來後,Tiffany 對我說:「安妮姐姐,妳講得太好了。我學到了很多東西,謝謝妳,我真的要向妳好好學習。」她給我看了一下她的筆記,密密麻麻的,寫滿了兩頁紙。我被驚呆了,我都沒有意識到自己講了這麼多內容。她認真的態度給我留下了非常深刻的印象。從那以後,我們就熟絡了起來。我發現,Tiffany 妹妹不僅長得美,她的心靈更美。

2017 年 5 月,我報名參加了敦煌戈壁之行。我那段時間工作太忙,什麼也沒來得及準備。沒想到,在我出發前

第四章　讓工作有溫度：熱情 × 使命感的黃金比例

幾天，Tiffany 突然約我吃飯。她說：「安妮姐，好久沒有見妳了，我想在妳去敦煌之前見見妳。」我答應了。那是我第二次見她。那次飯局上有十幾個人，大家說說笑笑，很是開心。

臨走的時候，Tiffany 拉住了我說：「安妮姐，我有東西要給妳。」我問：「什麼呀？」她打開包，從包裡拿出三樣東西 —— 一瓶高度防晒噴霧，一瓶晒後修護蘆薈霜，還有一盒面膜。Tiffany 說：「安妮姐，我知道妳要去戈壁了，戈壁的紫外線是很強的，所以我幫妳買了這個防晒噴霧，妳每天出發之前噴一點，一瓶可以用很久呢，我保證妳回來以後還是白白的。另外，這是一瓶晒後修護霜，如果妳不小心被晒傷了，就擦這個，皮膚就不會受損，也不會留疤。」她指著那盒面膜，「這是我用過的效果最好的面膜，我知道姐姐要去五天，這一盒剛好五片，一天用一片。」

我被她感動了。這才是我和她的第二次見面，她就這麼用心地幫我把一切都準備好。一種溫暖湧上心頭，她一下子就走進了我的心裡。她給我準備的這些東西，雖然說不上有多麼貴重，但是我看得出來，她很用心，每一樣都是我剛好需要的。

後來，我又在一次活動上見到了 Tiffany，那時她剛從日本回來不久。她說，她來參加這次活動正是因為我，因為她知道我要來。她從包裡掏出一個小盒子，對我說：「安妮姐，

讓每一個微小細節有溫度

這是日本最好用的玫瑰眼藥水。我知道妳最近在寫書，眼睛一定很疲憊，妳試一下這個，對舒緩眼疲勞特別好。我一直用這個，用了很多年了，所以買來給妳試試。」我接受了這瓶粉紅色的精緻的眼藥水。說真的，我太需要這個眼藥水了！因為那段時間我經常熬夜，每天早上起來，眼睛裡全是紅血絲。這個妹妹真的很了解我，她真的是一個讓人感覺非常暖心的人。

後來好長一段時間，由於各自忙於工作，我和 Tiffany 沒有聯絡。突然有一天，我收到了 Tiffany 的訊息：「安妮姐姐，妳最近好嗎？」我回答：「很好啊，怎麼了？」她繼續問：「工作順利嗎？生活開心嗎？寶寶還好嗎？」我以為她找我有什麼事。我說：「謝謝妹妹關心，我一切都很好。妳找我有事嗎？」Tiffany 說：「沒事，我就是想告訴妳，我突然想妳了，希望妳一切都好。雖然平時很少見面，但我一直很關心妳。知道姐姐一切安好，我就放心了。」我又一次被這位暖心的妹妹感動了。這個世界上有太多優秀的頭腦，他們的確讓人敬仰和崇拜。但是，真正感動我們靈魂的，是那些有溫度的心靈。溫暖照亮人心。Tiffany 真的是一位很善良、很有愛的人。我為身邊有這樣一位善解人意的妹妹而感到自豪。Tiffany 無論走到哪裡，都很受人喜歡，大家都稱讚她美麗、善良、有愛，又很溫暖。她的人緣越來越好，人生路也越走越寬。

第四章　讓工作有溫度：熱情 × 使命感的黃金比例

我覺得，這個世界上有四類人。第一類是高度很「高」的人。比如：很多政界名人，都在仕途上取得了卓越的成就。第二類是深度很「深」的人。比如：那些具有工匠精神的人，一直在「深耕」這個世界。第三類是寬度很「寬」的人。比如：做慈善的人、社交達人或行銷高手，他們的社交面都很廣，很開闊。第四類是有溫度的人。這類人，會讓你覺得你是重要的，你是值得被愛的。一個有溫度的人，無論走到哪裡，都是一個受歡迎的人。

松下幸之助先生說過一句話：「我招聘人的原則就兩點：第一，看一個人『命』好不好；第二，看一個人運氣好不好。」在我看來，如何知道一個人「命」好不好，運氣好不好呢？就看這個人是否有溫度，以及這個人是否受歡迎。一個有溫度的、受歡迎的人，一定是一個運氣好的人。他(她)的「命」，也一定會很好。

讓每一個小的細節都有溫度，我們也會越來越受歡迎，同時，運氣會越來越好！

> **安妮說**
>
> 這個世界上有太多優秀的頭腦，他們的確讓人敬仰和崇拜。但是，真正感動我們靈魂的，是那些有溫度的心靈。

第五章
聰明的努力法：
幸運都是設計出來的

　　你不能決定自己有「多幸運」，但你能決定自己有「多努力」。

第五章　聰明的努力法：幸運都是設計出來的

「高下」展現在出錯時

很多不熟悉我的人第一次見到我，都覺得我做事雷厲風行，節奏快，效率高。也有很多人覺得，我的工作很風光，很「高大上」——總是承辦各種大型活動，經常出境考察，還時不時去上市公司走訪。這些事看起來很華麗，大家看我做起來也很容易，好像我從來不會出錯一樣。其實，我工作這麼多年，真的出過幾次錯。但我覺得，出錯不要緊，真正要緊的是，我們該如何快速調整心態，並且全力以赴地去補救這個錯誤，把損失降到最低。不出錯的人生不會進步。一次次更正錯誤的實踐，正是我們進步和成長的契機。

海歸協會成立不久，會長說，我們要做一本海歸雜誌。我們策劃了一本名叫《我是海歸》的雜誌。雖然從來沒有做過雜誌，但是寫作以及搜集資訊的功底我還是有的。於是，我這個「雜誌小白」，就開始製作我人生中的第一本雜誌。做雜誌一定要有廣告，否則就不是雜誌，而是宣傳手冊了。幸運的是，我們的第一期雜誌就得到了許多知名廣告商的青睞。談廣告客戶是一個技術工作，很多客戶在選擇雜誌投放廣告之前，都會進行一番比較，看看哪個雜誌才是最佳的投放對象。相比之下，我們的「小白」雜誌其實不太具有競爭力。唯一有的，就是雜誌背後這群海歸小夥伴的真心。

但是，我們對這本獨一無二的海歸雜誌充滿信心。只要

信心不減，我相信我們一定能夠成就一番事業。

由於我對做雜誌經驗不足，於是找了一個專業編輯來培訓我，向他學習做雜誌的基本常識。特別是，在我去談雜誌廣告之前，我得知道每一頁的內容定位和價格定位，這樣我才好報價。這位編輯告訴我，通常情況下，雜誌的封底是最貴的，很多大牌雜誌都會選擇豪華車以及奢侈品作為封底廣告，比如賓士、保時捷、凌志、巴黎萊雅這樣的品牌。封二也是比較貴的（封二就是打開雜誌後，封面背面這一頁，封底背面這一頁叫封三）。封二、封三這兩頁比較搶眼，可以考慮一些比較知名的品牌。

這是我人生中第一本雜誌，我實在沒有太多的概念。這位編輯告訴我，封二、封三寧可不放廣告，也不能放級別太低的廣告，因為封二、封三代表了雜誌的整體氣質。如果放級別太低的廣告在這兩個重要的位置，別人就會覺得，這本雜誌的整體水準很差，級別很低。這樣做得不償失。

有一次，一家做行動電源的企業過來找我們聊合作。這位年輕的企業家叫 Leon。他說，他的產品是替松下做代工的，目前他打算推出自己的行動電源品牌，名叫「步步上」。這個名字聽起來有點奇怪，是不是模仿「步步高」的？我心下疑惑，但又不好意思問。Leon 說，他的行動電源品質肯定沒問題，就是沒有形成品牌，這個「步步上」是他自己想出來的。他希望能藉助海歸雜誌的力量，把「步步上」這個品牌推

第五章 聰明的努力法：幸運都是設計出來的

向海歸顧客群。Leon 信心滿滿地說：「我覺得，海歸認可的產品，都是高大上的產品，所以我選擇了你們雜誌。」Leon 對我們的雜誌很認可，這讓我無比開心，因為這樣就節省了很多時間做介紹推廣。Leon 對我們雜誌廣告的報價也沒有異議，全部接受。但就是有一個問題，他希望他的廣告能放在比較搶眼的封二上。他希望所有海歸一打開這本雜誌，就看到他的「步步上」行動電源。

這讓我很為難。首先，封二位置特別重要，我們希望留給一些知名品牌；其次，這個品牌名實在是太「接地氣」了，跟雜誌的整體格調很不搭；最後，這個「步步上」的廣告設計，實在是一言難盡，與雜誌的調性不符，放在雜誌的任何一個位置，這個設計都得改，更遑論封二了。

Leon 說：「唐小姐，我就選擇封二的位置了，不問價格，妳說多少錢就是多少錢，我都願意支付。另外，你們雜誌全年的廣告我都包了。」我沒有同意。我說：「Leon，封二和封三的廣告位我們早就定好內容了。我們計劃放我們自己海歸活動的宣傳，所以不好意思，不能給您了。除了這兩個位置，其他頁面您隨便挑。」我給出了我的理由。聽了我的解釋，Leon 總算沒有再堅持。他在雜誌中間選擇了一個廣告位。我鬆了一口氣，這樣既保住了一個大客戶，又沒有影響到雜誌的整體格調。

除了封二以外，其他廣告頁全部確定了以後，雜誌的整

「高下」展現在出錯時

體設計也完成了。設計師把樣稿拿給我,要我確認,確認以後就可以付印了。我一看樣稿,其他都沒有問題,但封二是空白的。我問設計師是什麼原因。他說,這裡本來要放一個活動海報,但是海報現在還沒有設計出來,他讓我先看下其他內容有沒有問題。我看完說:其他都 OK,沒有問題。然後,我就在樣稿上簽名確認了。

過了幾天,負責印刷的同事告訴我,雜誌已經印出來了。我說:「What?不是還有一個活動海報沒有放上去嗎?怎麼就印出來了?」負責印刷的同事一下子就慌了。他說,他下班的時候,看到桌上的樣稿有我的確認簽名,他就直接給工廠下單了。我明白了,這中間有一個烏龍。我應該在簽字旁邊加上備注,即「除了封二活動海報之外,已全部確認」。另外,設計師和負責印刷的同事完全沒有溝通,他們就自行去處理了,這也是我作為管理者的疏忽。

我整個人都不好了。這可怎麼辦啊,好端端的一本雜誌,竟然把這麼重要的廣告位留白了。當時,我還不肯把這個位置賣給 Leon,結果倒好,寧願什麼都不印,也不賣給他,這不是在和他開玩笑嗎!他要是看到雜誌,一定會很生氣。其他客戶也會覺得我們不專業,怎麼可以讓這麼重要的一個位置留白呢?我們的會員看到了,也會覺得奇怪。他們會不會猜到是我們的工作疏忽呢?但是,這時重印也來不及了。一是費用太貴,二是時間太趕。我們可是印刷了十萬冊

第五章 聰明的努力法：幸運都是設計出來的

啊！該怎麼辦呢？我真的十分頭痛。

我立刻做了個深呼吸，對自己說：「親愛的，這個時候妳要鎮定，先處理情緒，再處理問題。」我讓自己冷靜下來，然後開始想解決的辦法。首先，我們這本雜誌的讀者都是海歸協會的會員，因此，有沒有這樣一種可能──用這一頁留白，跟會員進行互動。這樣，我們既可以安撫廣告客戶，也不會讓這一頁空白顯得很突兀。於是，我策劃了一個活動，在會員系統裡向所有會員發布消息：新一期《我是海歸》雜誌將有一頁留白。請在那裡寫下你的夢想，畫出你的自畫像。給自己一點空間和想像力，人生將有另一番風采。拍照上傳發到平臺上，讚數最多的會員，我們將在年底的會員大會上，頒發「海歸雜誌達人・最有想像力的海歸會員」獎。

活動的思路一確定，我就立刻開始實施，連難過的時間都沒有。會員一聽說有個小評比，變得非常開心，在群組裡炸開了鍋。小夥伴拿到雜誌以後，都在留白處寫寫畫畫，我們平臺的活躍度一下子從十漲到了一百。看來，這個活動很受會員的喜歡。

我們也向所有廣告客戶發了通知，告訴他們，我們這一期雜誌和以往不一樣，會有一個小活動，即讓會員畫下他們的自畫像，並且在年底進行評比。我們邀請廣告客戶也畫下他們的自畫像。除了海歸會員的評比活動，廣告贊助商之間

也會有個評比,這樣是不是很有趣?

沒想到,贊助商也覺得很新鮮,紛紛參與。這個小活動一下子就讓我們「化險為夷」,把空白的漏洞變成了創意的窗口。然後,我、設計師以及負責印刷的同事開會進行了檢討,梳理並優化以後的流程,絕不讓類似的問題再發生。三天之內,這個「雜誌留白」的風波,就平息了下來!

不為失敗找藉口,只為成功找方法。時間真的很寶貴。當錯誤發生時,我們不要把時間浪費在傷心、難過、恐慌、後悔上,而是要把焦點放在「如何解決問題」上。當我們把焦點放在解決的辦法上時,就會發現,辦法越來越多。我們的時間花在哪,我們的成就就出在哪。辦法總比困難多。出錯並不可怕,可怕的是出錯以後,一直陷入慌亂和後悔的情緒中,那才是最愚蠢的。

安妮說

> 當錯誤發生時,我們不要把時間浪費在傷心、難過、恐慌、後悔上,而是要把焦點放在「如何解決問題」上。當我們把焦點放在解決的辦法上時,就會發現,辦法越來越多。我們的時間花在哪,我們的成就就出在哪。

第五章　聰明的努力法：幸運都是設計出來的

當你遇見比你優秀的人

我一直認為：只有同等能量的人，才能在人群中相互識別；也只有同等能量的人，才會相互吸引。但這中間還有一種情況，那就是，有些人最初相識的時候能量是不同的。當我們遇見比我們優秀的人時，剛開始彼此之間的能量或許不同，但經過我們的努力學習和提升，我們也可以變成「同頻」的人。甚至，可以讓他們成為我們的「粉絲」。

認識 Daniel 老師是在十八年前。當時，我去學英語，準備出境。Daniel 老師是補教名師，教 GRE 和 GMT。我身邊很多朋友告訴我，Daniel 老師是一個「奇人」，不但人長得特別帥，還特別有才華。他曾經騎腳踏車環島。他是補教業教詞彙最厲害的老師，很多人想見他一面都難。為了請他來教課，補教機構調整了好幾次課程表，一直到兩個月後，Daniel 老師有空才把開課時間確定下來。由此，Daniel 老師的魅力可見一斑。這樣的老師有一堆粉絲毫不稀奇。我也成了 Daneil 老師眾多粉絲中的一個，對這位神祕的名師充滿了好奇。

後來，我終於見到了 Daniel 老師。他並不像我想像中的那麼高冷。他長著圓圓的臉蛋，胖乎乎的，感覺很敦厚。他總是穿著 T 恤、牛仔褲，一副很隨意的樣子。後來，一打聽，原來他沒比我大幾歲。這麼年輕就當上了補教名師，真是不簡單！更讓我覺得不簡單的是，竟然有人可以同時教

> 當你遇見比你優秀的人

GRE 和 GMT，那得需要多大的詞彙量啊！

他上課時不像其他老師那麼「規矩」，他有時坐著，有時蹺起二郎腿，甚至有時還躺著。那些難懂的英文單字，從他嘴裡講出來，總是有很多故事，並且生動可感。他告訴我們：每一個單字都是有「生命」的，我們要學會用故事去詮釋每一個單字。Daniel 老師還是一個「歷史通」，他是我認識的所有人中，歷史知識最淵博的人。你問他任何歷史問題，他都可以回答得讓你滿意。除了是單字專家和「歷史通」，Daniel 還是頂級的職業規劃教練。他曾經幫很多優秀的年輕人找到人生目標，確定人生方向。因此，Daniel 老師一躍成為我身邊我最欣賞，也是我最想成為的人 —— 沒有之一。

我對自己說，遇見如此優秀的人，真是我的福氣。同時，他讓我找到了我應該努力的方向。可是，Daniel 老師每次上課，臺下都有五百多個學生，他連我姓什麼都不知道。我如何才能成為他那樣的人呢？於是，我對自己說，首先要「被看見」。要先認識他，再努力獲得他的認可。我決定讓 Daniel 老師認識我。於是，上課前和下課後，我都主動跟 Daniel 老師打招呼。在課堂上，我認真聽講，積極發言，回答問題也是最活躍的。我的課堂筆記總是最工整的，幾乎可以當作教科書來分享。時間久了，Daniel 老師終於記住了一個叫「安妮」的學生。在他的印象中，這是一個「很愛學習的好學生」。

第五章　聰明的努力法：幸運都是設計出來的

　　和 Daniel 老師熟識了以後，我就時不時地向他請教一些問題，並且和他分享我的一些想法。我發現，很多優秀的人都有一個特點，他們會尊重和欣賞好學的人。在 Daniel 老師的心中，我絕對是最好學的學生之一，所以他很願意跟我分享他的觀點和人生態度。在 Daniel 老師的鼓勵和指導下，我成長得很快。懷著一顆謙卑的好學的心，我逐漸脫穎而出，越來越綻放光芒。

　　我替 Daniel 老師取了一個外號，叫「歷史教授」。因為他對歷史真的非常精通。有一次，我問 Daniel 老師：「老師，請問我要如何提升我的歷史水準？」Daniel 老師回答：「想要通曉歷史，不是看一兩本書就能達到的，我猜想妳要看十本歷史書，才會有大概的印象。」於是，按照他的指示，我在一年內看了二十幾本歷史書，把中國歷史從頭到尾看了個遍。我知道自己不是一個聰明的學生，但我有一個優點──聽老師的話。老師讓我看歷史書，我就先看，看完再去請教老師。於是，我對中國歷史有了大概的了解。學習之後，我才發現，歷史真的很有趣。我逐漸愛上了歷史，甚至可以跟朋友講歷史故事，大家都很驚訝：「安妮，妳的歷史怎麼突然變好了？」我再也不是一個「歷史盲」，透過我的學習和努力，我也成了半個「歷史通」。

　　幾年前，我遭遇了工作瓶頸，我約 Daniel 老師出來，把我的困擾告訴他，請他幫我分析分析。他笑了笑，畫了一個

平衡輪,然後要我把這個平衡輪分成幾塊,每一塊都是我人生中最重要的一部分。我畫著畫著,突然就明白了:人生其實就是各種嘗試和選擇,沒有對錯,只有是否適合。Daniel 老師就是那種不會給你標準答案,但是會幫你摸索出最適合你的路的人。後來,每當遇到工作中的困難時,我都會請教 Daniel 老師。每次他都會點醒我,幫我找出下一步突破的方向。在我看來,Daniel 老師就是「神一樣的存在」,特別是當我陷入困境的時候,他就是我的燈塔。

Daniel 老師這種「教練」的能力太神奇了,好幾次幫我度過人生的灰暗期。於是,我決定向他學習這種能力。與 Daniel 老師交流的這些年,我的心得是:當遇到比你優秀的人時,先「認識」他,再讓他「認可」你。同時,要保持一顆好學的心,讓優秀的人感受到你赤誠的學習熱情,這樣,任何人都會給你助力。做一個聰明的學生,不如做一個勤快的笨學生。很多優秀的人都不是很聰明,但都會堅持一個原則——聽老師的話,照做。Daniel 老師教了我幾招「教練」的技巧,我在一年內,練習了一百遍。我到處找機會幫人梳理他們的工作思路,尋找人生方向,在幫助他人的同時,也提升了自己的「教練」能力。

幾天前,Daniel 聯絡我。他說,自己最近遇到一個困擾,問我是否願意和他聊聊。我說,沒問題。他說:「我有一個跟我一起創業的合夥人,最近她提出來,要離開這個平

第五章 聰明的努力法：幸運都是設計出來的

臺，自己出去闖闖。原因是我們彼此之間太熟悉了，『打法』都知道，她覺得她的職業發展到了瓶頸期，所以想出去看看。」

我問：「那你對這件事的看法呢？」我按照 Daniel 老師教我的方法，用提問的方式，引發他的思考，而不是直接給出答案或評論對錯。

Daniel 老師說：「我跟她一起創業很多年，情感上，真的不太能接受。對公司來講，也是一個很大的損失，但對她個人，應該是有利的吧。因為，以她的能力去到一個更大的平臺，會更有利於她。」

我感覺他現在思路有點不太清晰，我決定幫他釐清：

「我們要先處理情緒，再處理事情。我知道，失去一個得力的合夥人是一件很傷心的事，我也有過類似的經驗。你不想讓她走，但同時，你也知道這個發展對她很好，那你到底想要的是什麼呢？」

Daniel 老師回答：「我想要她在我這個平臺上繼續工作。我們共同發展，讓公司整體上一個層級。」這是他想要的，但不是那個合夥人想要的。合夥人其實想離開。

於是，我繼續問：「你覺得，她身上的哪些特點是你希望她留下的原因？如果她離開了，有沒有其他人也具有這些特點，能夠協助你完成你的目標？」

他回答:「她對組織的理解是最深刻的,而且她很認同我們的企業文化和價值觀。如果她不在了,剩下的團隊或許有一部分人有這些特點,但是都沒有她全面。」

我覺得 Daniel 老師現在需要力量和支持。我開始幫他找方向,激發他更多的思考:「那你覺得,未來會不會出現一個更適合以及更強而有力的、像她這樣的合作夥伴呢?如果我們要去尋找一個既能認同你的價值觀,又對組織理解很深刻的人,要怎麼做呢?」

「我覺得,未來絕對有可能找到這樣的人,只是需要一點時間。」他開始越來越有信心了。

我說:「我們來釐清一下思路。你希望她繼續留在你的平臺,幫團隊更上一個臺階;她希望離開這個平臺,找到一個更適合她發展的平臺。同時,你也認為這個發展或許對她更好。那我們一起想一想,有沒有一種可能,既能成就她,也能成就你,讓你們這個平臺不會因為她的離開而變得不好,相反會越來越強大?」

「我覺得一定有,我要好好想一想。我覺得,我應該先找她推心置腹地聊一聊。我至少應該先把問題整理出來,然後找到解決這個問題的辦法,而不是陷入情緒裡。」他越來越清晰了。我很開心,看來我幫助到他了。

「妳有遇到過類似的事情嗎?」他想聽我的分享。我說,

第五章 聰明的努力法：幸運都是設計出來的

當然有，然後我跟他講了一個發生在我身上的真實故事，以此來鼓勵他。並且，我告訴他，天下沒有不散的筵席。當我們在努力成就和成全別人的時候，也在成就和成全我們自己。

過了許久，他回覆我說：「我知道該怎麼做了。第一，不管怎麼樣，要以雙方共贏為思路；第二，讓她培養一兩個能頂替的人，讓公司保持正常運作；第三，我要先把我的個人情緒放下，先處理好情緒，再解決問題，不要被情緒所困。」我很開心，他終於整理清楚了。

然後，他說了一句讓我很驚訝的話。他說：「安妮，妳今天太讓我驚訝了。妳現在已經是頂級教練的水準了。今天妳給我的啟發和回饋都特別好。妳這些年的成長太快了，變化真的好大。我真為妳感到自豪。」這些話讓我很感動。偶像的認可，對我來說是莫大的鼓勵。

每當我遇到一個比我優秀的人時，我從來不會羨慕嫉妒恨。我唯一的想法是：我能在他（她）身上學到什麼？我如何能成為一個像他（她）一樣優秀的人？甚至，我要如何超越他（她），並且讓他（她）成為我的粉絲？不要害怕優秀的人不搭理你，你優秀了，自然有對的人與你並肩。因此，做一個聰明的「笨人」，懷著一顆謙卑的心真誠學習，是我這麼多年與大咖交流的心得。

> **安妮說**
>
> 每當我遇到一個比我優秀的人時,我從來不會羨慕嫉妒恨。我唯一的想法是:我能在他(她)身上學到什麼?我如何能成為一個像他(她)一樣優秀的人?甚至,我要如何超越他(她),並且讓他(她)成為我的粉絲?不要害怕優秀的人不搭理你,你優秀了,自然有對的人與你並肩。

努力,並讓人看到

我一直堅信「越努力,越幸運」這句話,所以,我很努力。在努力的前提下,我還很堅持自己的選擇。一旦我決定做一件事,不到萬不得已,我絕不會輕言放棄。同時,我認為,努力也是有技巧的,那就是「聰明的努力」,要「把努力放大」。有句話說得好:「高調做事,低調做人。」我們努力做的事情,一定要高調地宣傳出去,這樣才對得起我們付出的精力和時間。努力,必須讓人看見,才會更有價值。

每年秋季,我們都會舉辦海歸女性論壇。

海歸女性論壇,一般都會吸引女性用品的廣告贊助商。

第五章 聰明的努力法：幸運都是設計出來的

可是我發現，贊助我們的大多是不太知名的品牌，很少有國際性的大品牌。我們最想要的，當然是國際知名的大品牌。如果它們能和我們聯動，那將在很大程度上提升我們的影響力。沒有高階品牌的「加持」，一直是我們做女性論壇的一個痛點。我們的「大本營」的高階奢侈品總部很少，而外地的奢侈品品牌又很難跟本地的社團合作。怎樣讓國際知名品牌來為我們「站臺」呢？這一直是我苦苦思索的事情。

我決定動用身邊的全部資源，看是否有人能對接到國際品牌給我。不嘗試一下怎麼知道呢？萬一對接上了呢？沒有努力到無能為力，我是絕對不會放棄的。

我整理了一下認識的所有女性用品商家，以及我身邊有相關資源的人，找出最有代表性的人，一共有三十多個。我一個一個地聯絡他們，問他們是否有接洽國際品牌的管道。當我問到二十多人的時候，突然有一個朋友回覆我說，他有一個兄弟是巴黎萊雅集團的區域負責人，這邊的巴黎萊雅專櫃都由他管理。聽到這個消息，我太開心了！巴黎萊雅是我的核心目標之一，如果巴黎萊雅能贊助我們的論壇，那麼將極大地提升論壇的影響力。我問朋友，能否把這位負責人介紹給我，我很想認識他。他把對方的聯絡方式給了我。這位巴黎萊雅 ×× 區的負責人叫 James，是一位年輕有為的男士，我們通完電話以後，就約了第二天見面。

> 努力,並讓人看到

　　我們約在一家咖啡廳見面。我比他早到。一見到他,我就自我介紹:「James,您好,我是海歸協會祕書長安妮,很高興認識您。」我把帶來的協會資料拿給他看,還送了他一份我們協會內部的伴手禮——一罐印有我們 Logo 的、精緻的茶葉。James 是一位很陽光、很豪爽的男士,性格也很直率。他告訴我,巴黎萊雅每年都有一筆預算內的行銷費用,只不過通常在每年年中的時候就把下一年的預算定完了。我向他介紹我們的平臺以及活動。James 很感興趣,讓我發些資料過去。事不宜遲,我立刻讓同事把海歸女性論壇的所有資料發到了 James 指定的信箱。

　　五天後,James 還沒有給我任何回應,我又主動聯絡他:「James,您好。我們在五天前已經把海歸女性論壇的資料發過去了,麻煩您看看。後續還有什麼需要我們提供的,煩請告知。」

　　他回覆說:「我已經收到了,集團總部還要研究研究,盡快給妳答覆。」這樣一來二往,我們溝通了差不多一個月。終於,James 回覆我說:「安妮,巴黎萊雅總部回覆了,願意跟你們合作。但是,由於巴黎萊雅是強勢品牌,我們只願意贊助產品,暫時不會贊助費用。如果此次合作比較愉快的話,那麼未來可以考慮贊助費用。」

　　巴黎萊雅有了贊助的意向,我很高興。但有一個問題,

第五章　聰明的努力法：幸運都是設計出來的

巴黎萊雅是強勢品牌，它贊助活動是有要求的。那就是，參會的每個會員，都需要現場加入巴黎萊雅的會籍，並且巴黎萊雅的行銷人員還要去他們挑選的十家會員企業推廣彩妝產品，目的是讓更多人了解巴黎萊雅的新品。只有滿足以上兩點，巴黎萊雅才能跟我們合作。說實話，這兩點要求給了我「霸王條款」的感覺。雖然巴黎萊雅是國際大品牌，但是不能強迫我們的會員現場加入會籍，這樣會讓我們的會員體驗感和參與感都特別不好。而且，不是每家企業都喜歡巴黎萊雅。很多企業的男性員工人數較多，讓巴黎萊雅去人家公司宣講彩妝新品，這合適嗎？我開始猶豫。我既希望巴黎萊雅品牌贊助我們，又不想接受這些條款。我決定再約 James 出來聊聊。

見面後，我說：「James，我看了巴黎萊雅總部給我們的回覆，我想問那兩點要求是否可以調整一下。首先，我說一下我的立場。我覺得，海歸群體和巴黎萊雅品牌的目標客群是高度匹配的。海歸是高階客群，他們見過世面。他們選擇的品牌，都是品牌中的佼佼者。從這一點來講，海歸人群和巴黎萊雅應該有很好的結合點。其次，巴黎萊雅需要的是入會會員，以及到企業去宣講和推廣新產品，而我們需要的，並不是巴黎萊雅贊助給我們多少產品，而是巴黎萊雅和海歸協會這兩個品牌的深度合作。從這一點上，我們是否可以考

慮換一種合作模式,即我們減少巴黎萊雅提供給我們的贊助產品,但我們在對外推廣宣傳上,聯合巴黎萊雅一起來推。同時,巴黎萊雅會員入會以及企業宣講,我們會在會員群組裡面發布,但希望是自願模式,而不是強迫他們加入,您看這樣是否可行?」

在我的強烈遊說下,James 認可了我的建議。他覺得這個方向大致是沒有問題的,不過他還是需要跟集團再去溝通下,讓我給他幾天時間。

幾天後,James 還是沒有回覆。我按捺不住了,主動聯絡他,約他喝茶、聊天、打球⋯⋯讓他知道我這個人的存在。

我一直沒有提巴黎萊雅的事,也不想給他壓力,我只想開開心心地做朋友。那段時間和 James 見面特別頻繁,每次我們有什麼活動,我都會邀請他,他的出席率也很高。就這樣,一來二往,我們變成了很熟的朋友。

終於,一天早上,James 傳了一條訊息給我:巴黎萊雅集團總部同意按照妳的方案來實施。巴黎萊雅贊助一千兩百套化妝品給現場的所有女性嘉賓,贊助四套新品給四位演講嘉賓。A 市海歸協會所有的對外宣傳,都可以展現「巴黎萊雅」的字樣。如果這次合作愉快的話,那麼未來可以考慮贊助現金。

第五章 聰明的努力法：幸運都是設計出來的

聽到這個消息，我們真的萬分開心。即使只贊助化妝品，對我們來說也是莫大的鼓勵。我們感到非常幸運，因為不是每個平臺都可以跟巴黎萊雅合作。這是一次非常成功的品牌聯動。我開始思索，如何讓這次合作產生更大的影響。好不容易拿下來的大品牌，必須讓人看到並知曉。

在獲得了巴黎萊雅總部的同意之後，我們把海歸協會的 Logo 和巴黎萊雅的 Logo 放在一起，做一些企劃及宣傳。我們在官方帳號裡推廣，讓小夥伴知道我們和巴黎萊雅合作了。然後，我們挑選了一些不錯的巴黎萊雅產品送給 KOL，讓他們幫忙轉發女性論壇與巴黎萊雅合作的消息。我們還策劃了各式各樣的線下活動，比如：「海歸走進巴黎萊雅」。我們邀請彩妝師來幫海歸美女化妝，用的全是巴黎萊雅的產品。我們發動身邊的小夥伴幫我們宣傳海歸協會和巴黎萊雅的活動，並且告訴大家，這是巴黎萊雅在國內第一次與一家社團深入合作。

就這樣，我們和巴黎萊雅達成合作的消息，整個海歸圈都知道了。大家都覺得我們特別厲害，居然能談定這麼大的國際品牌。而在我看來，我們不僅要付出足夠的努力，還要讓付出的努力「更有價值」，讓更多人看到。把努力的價值最大化，這才是「聰明的努力」。

> **安妮說**
>
> 努力也是有技巧的,那就是「聰明的努力」,要「把努力放大」。努力必須讓人看見,才會更有價值。

「可靠」是你的核心競爭力

　　閨密娜娜替我取了一個外號──「可靠妮」。我覺得這個名字太適合我了,因為我自認為是一個很可靠的人。但是,「可靠」到底展現在什麼地方呢?我思索著。我覺得是,只要是答應別人的事,我就一定會認真做到。但娜娜不是這樣認為。她說:「安妮,我覺得妳可靠,並不是因為妳答應別人的事就一定會做到,而是因為妳的執行力和行動力太強了。人人都可能答應別人幫忙辦一件事,但是在一天之內完成和在一年之內完成,完全是兩個概念呀!妳的可靠在於,妳答應了別人的事,一定會在最短的時間內完成。妳的口頭禪總是『現在、馬上、立刻』,所以我覺得妳很可靠。還有,妳永遠不遲到的特質,也是妳讓人感覺可靠的原因。」原來,「可靠妮」指的是「超強的執行力」和「永遠不遲到」。

　　我想起來一件事。一次,一位主管交給我一個任務,讓

第五章　聰明的努力法：幸運都是設計出來的

我在三個月內完成一份 A 市海歸就業和創業情況的調查研究報告。要完成這份報告，需要做幾個方面的工作。首先，要設計一千份調查問卷，發放給海歸青年，了解 A 市海歸的基本情況；其次，要採訪二十個海歸企業家和創業者，請他們談談對 A 市海歸創業、就業環境的看法；最後，要走訪幾個海歸創業、就業工作做得比較好的城市，學習人家的經驗，以便為 A 市相關部門制定海歸政策時提供更有效的建議。這份調查研究報告包含的內容比較多，涉及的範圍比較廣，對專業的要求很高，沒有幾個月肯定完成不了。主管安排任務給我的時候已經是 9 月了，她希望能在年底把這份報告呈報上來，最好不超過 12 月。但主管又考慮到我從來沒有做過類似的調查研究，這次調查研究的任務量又實在太大，她怕我在三個月內無法完成，因此決定給我半年的時間去完成它。那個時候，我正在做另外一個專案，手上的事情比較多。不過，我的性格是，絕不把工作往後推，能儘早完成的任務，我一定在最短時間內完成。

　　接到這個任務的第二天，我就開始分解專案，進行安排。首先，我需要找一個有調查研究報告寫作經驗的人。出於專業性的考慮，我認為這個執筆人最好是一位大學老師。於是，我馬上聯絡了當地大學的朋友，把我的需求告訴他們，請他們幫忙尋找有興趣的執筆老師。然後，我讓一個同事負責調查問卷的統籌工作，並給了他一個時間進度表，希

望他在規定的時間內,把調查問卷設計出來。問卷完成後,再發給會員進行調查。接著,我打開協會理事名錄,尋找合適的企業家。我挑選了十位在 A 市比較有影響力的海歸企業家,以及十位在百強企業從事高管工作的海歸上班族,讓祕書處聯絡他們,邀請他們接受採訪。之後,我安排了三位同事,分別前往三個不同的城市,向當地的海歸組織請教工作經驗,透過借鑑別人的成功經驗,更好地為本市的海歸服務。一切安排妥當,只用了一個上午的時間。

任務分配後的第二天,我就確定了執筆老師。我跟這位老師開了幾次會,對報告的相關情況進行了討論。老師說,完成報告的主要內容需要一個月的時間,再加上一個月的修改和調整,兩個月這份報告就可以完成。與此同時,問卷調查、人物訪談和城市訪問也在有條不紊地進行著。一切都在我的掌控當中。11 月 28 日,我把完整的調查研究報告交給了主管。距離主管安排任務給我的那天,剛剛過去了兩個月零三天。看到這份沉甸甸的報告,她驚呆了:「安妮,妳怎麼這麼快就完成了?我之前交給別人來做類似的事,都要六七個月的,妳的效率太讓我驚訝了!」我笑了笑說:「反正都是要完成的,早點完成比晚點完成好。正好趕在年底前提交,不耽誤您的時間。」這件事給主管留下了深刻的印象。

在那之後,她在各種場合都稱讚我:「安妮真的是一個很能幹的女孩,特別可靠!」

第五章　聰明的努力法：幸運都是設計出來的

　　超強的執行力，是檢驗可靠與否的一個重要標準。而擁有時間觀念，在我看來是可靠的最低標準。

　　我有一個小助理，名叫 Chloe。她很能幹，又能吃苦，但有一個壞毛病，就是愛遲到。每個月她都是遲到次數最多的那個。考勤表上經常寫著：Chloe 遲到 58 分鐘，Chloe 遲到 112 分鐘。最誇張的一次，Chloe 遲到了 687 分鐘。好幾次開例會，Chloe 都是姍姍來遲，然後慌慌張張地說「對不起，對不起」。因為這個問題，我不知道說過她多少次。

　　有一次，我和 Chloe 約了一個客戶見面，約的是下午三點。我的習慣是從不遲到。所以，大概兩點半，我就到了咖啡廳。快三點時，客戶到了，但是 Chloe 還不見人影。我打電話給 Chloe：「請問妳在哪裡？」她慌慌張張地說：「安妮姐，我還有兩個紅燈就到了，不好意思，我盡快。」我一下子就火大了：「妳能不能有點時間觀念？」我把電話掛了。

　　為了不冷落客戶，我和客戶聊了起來。等 Chloe 趕到的時候，已經是三點十五分了。她足足遲到了十五分鐘。她一直向我們道歉，說開錯路了云云。客戶笑了笑說：「沒事，不著急。」聊完之後，我把 Chloe 留下來，問道：「妳為什麼就不改改妳遲到的性格，妳到底是卡在哪裡了？」

　　她哭喪著臉說：「安妮姐，我也不知道為什麼，每次出門前都拖拖拉拉，一上路又發現時間不夠用了。我也知道自己這樣很不好，很想改。」

我對她說:「優秀的人不一定守時,但守時的人通常都很優秀。起碼妳會贏得別人對妳的尊重。想想現在的人時間多寶貴,讓人家等妳,妳知不知道妳浪費了別人十五分鐘?我們整天說,要越來越優秀。如果連守時這個基本要求都做不到,妳很難變得優秀!」

Chloe 很認同我說的話。她立志說:「從現在開始,我再也不遲到了。以後每遲到一次,就罰款五百塊!」我被這丫頭認真的樣子逗樂了。人都是需要點「痛」來逼迫她改掉某些壞毛病。

自那以後,Chloe 變得守時了許多。雖然不一定比我早到,但是起碼不遲到了。我發現她越來越可靠了。其實,她唯一變的,就是越來越守時!

不要小看一點點時間。守時和永不遲到,是衡量你這個人是否可靠的重要指標。當你的執行力和行動力越來越強,越來越重視時間觀念時,你就越來越可靠。而「可靠」,將是你在職場中的核心競爭力。

> **安妮說**
>
> 超強的執行力,是檢驗可靠與否的一個重要標準。而擁有時間觀念,在我看來,是可靠的最低標準。

第五章 聰明的努力法：幸運都是設計出來的

第六章
會說話的人,運氣從不太差

　　所有「高明」的話,只有出自我們的真心,才能觸動他人的靈魂。

第六章　會說話的人，運氣從不太差

重要的不是理由，而是措辭

我的同事 CJ 是一個心思很細膩的人。他做事很有原則，也很規範，交給他的任務，他不僅能辦好，還能舉一反三辦得很好。只是他在與其他同事相處的時候貌似有點小問題。

有一次開例會，我讓同事 Wendy 上臺做上個月某次活動的總結。然後請同事一一上臺說說這次活動的優缺點。每個人都要說，並要說得真實，不要因為顧及誰的面子而有所保留。於是，大家依次表達了各自的看法。

輪到 CJ 了，他一上臺就氣勢洶洶地說：「我覺得這次活動真是太讓我失望了，簡直不能想像。我們做了那麼多年活動，竟然連電腦播放都會出問題，這根本就是一個笑話。此外，背景音樂也被調得亂七八糟的，讓人感覺很不專業，也不知道負責的人到底有沒有花心思……總之，我覺得，這次活動做得很不好，完全達不到我們的正常水準……」CJ 劈里啪啦地對 Wendy 一頓「狂批」，並且用了很多很強烈的形容詞——「亂七八糟」、「不能想像」、「笑話」等。我看到 Wendy 的臉色變得很沉重，眼看著就要哭了。

其實，我知道 Wendy 是有苦衷的。她才來協會不到一個月，我就讓她負責這個大專案，對她來說，的確是一個很大的挑戰。我衡量一個人工作狀況的標準是，不會看這個人是否做錯了，而是看他（她）的工作態度是否積極。只要她的工

作態度積極，勇於承認錯誤，並全力推進後續工作，我就認為他（她）是一個可塑之才。因此，我對 Wendy 更多的是理解，而不是責罰。

而 CJ 對待一件「不夠完美」的事的態度經常是批評，否定，不認可。雖然他講得都沒錯，但是 Wendy 一句沒聽進去。

對於 Wendy 來說，有效的建議首先得是能讓她安心接受的建議。像 CJ 這樣強烈的負面建議，Wendy 是接受不了的。不光是 Wendy，我想大多數人都難以接受。

這個時候，我就讓協會中 EQ 最高的 Vicky 來點評。Vicky 是一個溫文爾雅的女孩子。她有個特點：說話的時候慢條斯理，很在乎別人的感受。我讓 Vicky 把 CJ 剛才的意思重新表述一遍給 Wendy 聽。

「Wendy，首先，我覺得妳能在一週之內把這個活動做下來，就是一件了不起的事。最近我們團隊都特別忙，沒有給妳什麼幫助，在這裡，我先代表大家表示歉意。這段時間，妳真的辛苦了。」Vicky 果真 EQ 高，一開篇就用了「共情」的方式，表達她的態度以及對 Wendy 的肯定。我看到，Wendy 沮喪的臉舒展了一點。

「這個活動，如果一定要我打分的話，我打七分，及格以上。有這麼幾個原因：首先，我們按照主管的要求，按時按

第六章　會說話的人，運氣從不太差

量完成了任務。現場來了三百多人，達到了參會人員的最高標準。演講嘉賓分享得非常好，觀眾互動也很到位，整體感覺是不錯的。會後，我問了幾個參會者，他們也覺得我們的活動做得很好。雖然這期間有幾個小失誤，但我認為不足以影響整個活動的完成度。因此，根據整體情況，我給這個活動打七分。」Vicky 從客觀角度，為這個活動做了全面總結。

「但同時，我們是否還有進步的空間呢？我覺得是有的。就像剛才大家提到的，電腦在演講中途出現問題，突然當機，導致大螢幕黑畫面，麥克風失效。這些問題的確引起了現場的短時混亂，使演講嘉賓亂了方寸。還好有主持人救場，我們的活動才能有驚無險地進行下去。雖然這是個意外，但是不是也在提醒我們：未來除了彩排的時候需要測驗電腦，在開始前一個小時是不是還應該再測驗一次；或者，我們是不是要準備兩臺電腦，萬一有一臺當機了，還有一臺備用？這些都是我們需要考慮的。另外，就是剛才提到的背景音樂問題。這次的音樂的確有點不符合論壇的調性，下次我們要再仔細一點，把音樂曲目分類。不同的活動搭配不同類型的音樂，這樣才會讓觀眾感受到我們的專業。」

「Wendy 獨自一人完成這樣一場大型活動，只出了兩處小錯誤，我覺得是可以理解的。在這個時候，我們要給 Wendy 更多的支持和鼓勵，而不是批評。因為我們是一個團隊。相信經過這次活動的歷練後，Wendy 的能力會更上一個臺階。

> 重要的不是理由，而是措辭

你們或許不知道，在活動之前，我有好幾次看到 Wendy 加班到凌晨兩點。這種刻苦敬業的精神，是不是很值得我們學習？」Vikcy 邊說邊鼓掌，同事也跟著鼓起掌來。Wendy 被感動得落淚了。

Wendy 激動地說：「安妮姐，同事們，這次是我做得不到位。對不起！我保證，以後這樣的錯誤再也不會發生了，謝謝你們給予我改正的機會。」

待 Vicky 說完，我問 Wendy：「剛才 CJ 和 Vicky 都給了妳建議，妳分別替他們打多少分？一分是最低分，十分是最高分。」Wendy 說：「給 CJ 打三分，給 Vicky 打八分。」

我說：「非常好。」我看向 CJ：「看到了嗎？你還有五分的進步空間。真正有效的溝通，不在於你說了多少，而在於對方接收到了多少。溝通中最重要的不是我們的理由有多正確，而是我們的措辭能否讓對方接受。」

這次例會開完以後，大家都表示很受益。從中，我看出了不同同事的性格，也知道了未來要如何幫助他們提升。

我們每天都在與人打交道。會說話的人，更容易被人接受，被人喜歡，甚至得到的機會也更多。不會說話的人，哪怕再有能力，也很難被人發現和欣賞。「會說話」是我們在職場中的重要競爭力。學會優化我們的措辭，會讓我們在職場中更加遊刃有餘。

第六章　會說話的人,運氣從不太差

> **安妮說**
>
> 真正有效的溝通,不在於你說了多少,而在於對方接收到了多少。溝通中最重要的不是我們的理由有多正確,而是我們的措辭能否讓對方接受。

嘉許與肯定的力量

曾經的我是一個不太會讚美別人的人。或許那個時候,我的焦點都在我自己身上。後來,我學會了「嘉許與肯定」,我發現,我的人生發生了奇蹟般的改變。

我有一個好朋友叫 Alan,我們都喜歡稱呼他為「蔡教授」。不是因為他真的是教授,而是因為他平時話不多,但每次說出來的話都很有「品質」,很容易說到別人心裡去。比如:那次,我獲得了「A 市十大風雲人物獎」,我就傳了一條訊息給「蔡教授」,告訴他我獲獎了。他的回覆不是簡簡單單的「哎呀,妳好棒啊!妳太厲害了!妳太優秀了」,而是「安妮,從我第一天認識妳,我就知道妳會獲得這個獎。不是這個『風雲人物獎』成就了妳,而是妳成就了這個獎。妳讓這次獲獎變得意義非凡,實至名歸」。

嘉許與肯定的力量

天哪，這是多麼感人的一番讚美！瞬間讓我感覺自己整個人都發光了。我覺得 Alan「嘉許與肯定」的能力太厲害了！

還有一次，我們一起吃飯，一桌小夥伴談著自己的人生經歷。輪到我時，我回憶起了曾經發生在自己身上的幾件悲催的事，說著說著幾度落淚。我告訴大家，我真的很感恩現在的美好生活，感謝在我生命裡出現的貴人，感謝曾經幫助過我的朋友。現在的我，在努力變得更好，而且真的越來越好。突然，Alan 說了一句：「安妮，妳知道為什麼妳越來越好嗎？」我問：「是因為我很努力嗎？」Alan 笑了笑說：「妳的人生注定會越來越好，因為妳有發自內心深處的善良。」聽完之後，我淚溼了雙眼。我真的特別感動，因為他說到我心裡去了。

我發現，我和 Alan 相差的就是這種「發自內心的嘉許和肯定」的能力。Alan 的讚美是與眾不同的，它起碼有三個特點：第一，他的讚美很有畫面感；第二，他的讚美能夠「觸摸」到人性；第三，他的讚美很真誠，很用心。

我是一個不太會讚美的人。或者說，我的讚美通常只停留在表面上，比如：「妳今天好美啊」、「這件衣服好好看啊」、「你的髮型好帥啊」。我不知道什麼叫「用心的讚美」，而 Alan 在這方面就是一個很好的老師。

第六章　會說話的人，運氣從不太差

　　找到了缺點，我決定向 Alan 學習，尋求改變。於是，我開始了「用心讚美」的旅程。

　　我有一個朋友，他是一位優秀的海歸投資人，人品很好，在 A 市很有地位和影響力。只是他給我的感覺總是高高在上的，很難接近。大概在五年前，我懷孕五個月的時候，去醫院產檢時碰到過他。那次遇見讓我對他有了更深的認識。雖然這件事已經過去了五年，但我還是決定嘗試一下「發自內心的讚美和嘉許」，看會不會改善我和他的關係。

　　於是，我傳訊息給他。

　　「Adam，請問您在嗎？我有一件事想跟您說。」我說。

　　過了許久，他回覆道：「祕書長，請問您找我有何事？」我說：「Adam，我知道這樣突然聯絡您很唐突，但是有一件事我一直想跟您說。這件事雖然發生在五年前，但是對我的幫助和影響很大，所以我特別想跟您分享一下。」他很驚訝地問：「是什麼事？」

　　我說：「五年前的一個上午，我去 ×× 醫院做產檢。當時是上午十點多，我已經檢查完了，正準備離開時，碰巧遇到您陪太太來做檢查。我很驚訝地跟您打了個招呼。您說您正在排隊，等待叫號。我看到您的號碼是 386 號。×× 醫院產檢的條件非常差，您和您太太的衣服都被汗水打溼了。你們夫婦一直站著，連休息的座位都沒有。於是我就問您，為

嘉許與肯定的力量

什麼不找人『打個招呼』呢，連我這個不知名的小人物，都提前看完了，您可是 A 市的大人物啊！結果，您對我說：『哎呀，沒關係啦，盡量不要去麻煩別人。我們就等等吧。』當時，我就被您的這番話感動了。」

我繼續說：「您讓我看到了不一樣的一面。我本來以為，像您這樣的優秀投資人是很高調、不容易接近的。可是那個時候，您讓我感覺特別溫暖，也特別慚愧。溫暖的是，您真的非常善良，非常樸實，非常低調，讓我很敬佩；慚愧的是，我沒有學到您這樣的優秀特質，我為自己的行為感到難過和自責。我今天沒有什麼特別的事情，就是想把我對您的尊敬和佩服表達出來。這件事您可能都忘記了，但它一直影響和激勵著我。A 市太需要您這樣優秀的投資人了。希望未來我能有機會向您多多學習，共同進步。」說到這裡，我停止了。

我猜想 Adam 被我嚇著了，這突如其來的嘉許和肯定弄得他一頭霧水。不過他還是開心地回覆了好多：「安妮祕書長，您言重啦！這是很小的一件事情。我這個人本來朋友就不多，能不去打擾別人，我就盡量不去打擾。您能記到現在，真的讓我很感動呢！您才是我學習的榜樣。」

就這樣一來二往，我們聊了起來。這位「高高在上」的、似乎難以企及的投資人，突然不再那麼高冷了。那年中秋節，他還寄了兩盒月餅給我，並且在裡面附了一張卡片：「安

第六章　會說話的人,運氣從不太差

妮,美麗的皮囊千篇一律,感動的靈魂萬裡挑一。願妳我都保持這份對世間的感動,做一個讓世界感到驚喜的人。」

我太喜歡他這句話了:「做一個讓世界感到驚喜的人。」我漸漸發現,人活在這個世界上,最大的幸福就是「我自己深感驚喜的同時,讓我身邊的人深感驚喜」。深感驚喜的人,一定會活在幸福中。

就這樣,我和 Adam 成了無話不談的好朋友。我發現,嘉許和肯定有著神奇的力量,可以讓我們走入別人的內心。真正的嘉許,不是簡單的讚美,而是發自內心的認可、肯定和鼓勵。它們一定要發自我們的肺腑,才能觸動他人的靈魂。嘉許和肯定,不但可以增進我們的人際關係,讓我們變得越來越受歡迎,還能讓我們身邊的人,因為我們的一句話、一段文字,變得更有力量,更愛這個世界。他們的人生,或許會因為我們的一點點鼓勵而變得不一樣。

> **安妮說**
>
> 真正的嘉許,不是簡單的讚美,而是發自內心的認可、肯定和鼓勵。它們一定要發自我們的肺腑,才能觸動他人的靈魂。

以「我們」化解阻力

我有一個好朋友，他是國內頂級的商業顧問。他有一個很霸氣的名字，叫「王成功」。我打趣他：「你叫這個名字，想不成功都難啊！」但我沒好意思總是「成功」、「成功」地叫他，我還是比較喜歡稱呼他的英文名字 —— Simon。

Simon 是我認識的人中，EQ 數一數二高的一個。他雖然個子很高 —— 184 公分，但他跟你在一起的時候，完全不會讓你產生壓迫感。因為他特別低調謙卑，總是很照顧身邊人的感受。其實，他是一個非常有才華的商業顧問。

有一次，Simon 告訴我，他在幫一家企業收購塗料公司。如果我認識相關的企業，可以推介給他。我想了一下，正好認識一家公司，是塗料百強企業。於是，我介紹給了他。

我們約好在塗料公司與老闆陳總見面。陳總早就聽我介紹過 Simon。我告訴陳總，Simon 是一位非常厲害的商業顧問。只是我沒有告訴陳總，Simon 其實很年輕，他才三十歲。在陳總的印象中，服務過上百家上市公司，並且自己做過三家上市公司的企業家，應該已經年過半百了。結果一見到我身邊站著個高大英俊、風度翩翩的年輕男子，陳總的臉色一下子就變了。我知道陳總心裡有落差了，都怪我當時沒有解釋清楚，心裡十分懊惱。

第六章　會說話的人，運氣從不太差

　　我們坐進會議室以後，陳總就讓他的副總為我們介紹企業的情況，他在一旁沉默不語。副總首先對我們的到來表示感謝，說陳總是一位非常有使命感和社會責任感的企業家。他做企業三十多年，身邊的員工很多都是跟隨他十幾年、二十年的，甚至還有從陳總創業時期就跟隨他的，可見陳總的人格魅力非同一般。這家企業是非常傳統的企業，一個可靠的商務企劃師的加入，會對他們有很大的幫助。

　　副總滔滔不絕地說了半個小時，陳總卻一言不發。我為了緩和氣氛，主動問陳總：「陳總，我們慕名而來，想問一下，您做企業這麼多年，這一路是不是很艱辛？」陳總說：「當然艱辛啦，創業哪有不辛苦的。」

　　我剛想再問一個問題，就被Simon打斷了。他看著陳總，笑了笑說：「陳總，我看到您的辦公室裡貼了很多字畫，比如這幅『上善若水，厚德載物』。看得出，我們陳總很欣賞儒家文化。」

　　聽到這番話，陳總臉上稍顯愉悅：「中華傳統文化還是很值得我們學習的，現在的年輕人都圖短平快，而忘了本。古人可是很有智慧的。」Simon繼續問道：「那我們平時有跟員工宣傳中華傳統文化嗎？」

　　陳總說：「當然有啦。只有認同我的價值觀，才能在一個團隊共事這麼久啊！」

以「我們」化解阻力

Simon 對著我說:「妳看,我們陳總之所以成功,是有原因的。因為陳總是一個有大愛的企業家,推崇中華傳統文化,一心向善,成人達己。這樣的企業家,我們跟著他,肯定沒錯。」

這句話終於把陳總逗樂了。會議室的氣氛融洽了許多。

「Simon,非常感謝你對我們企業的青睞。我做企業三十多年,從一個小雇員,到現在擁有兩百多個員工,這一路走得還是滿艱辛的。但我始終深信一點,那就是,我是一個良心企業家,我做人做事很仗義。我覺得做企業的最終目標不是營利,而是回報社會。我就是因為一直本著這個初衷,所以好幾次落難都有朋友搭救。我的總結是:在你落難的時候,你曾經幫助過的人,不一定會幫你,但曾經幫助過你的人,還會一如既往地幫助你。」陳總一直在講他的創業歷史。

Simon 把話題引回來:「陳總,聽完您的介紹,我感覺您是非常可靠、非常務實的企業家,難怪在業界口碑這麼好。您這一路走過來,真的特別不容易。另外,我想問一下,目前,我們企業的營業額是多少;我們對未來的規劃,又是怎樣的?」

陳總一聽問到他的專業了,更加興致盎然:「我們企業不大,但也是行業內百強。目前的營業額是三億元,利潤大概八千多萬。雖然不是很高,但我們的發展很穩健。我希望三

第六章　會說話的人，運氣從不太差

年以後上市，現在已經有券商在跟我溝通了。不過，我還在考慮和哪一家合作。」

Simon 接著陳總的話問道：「那我們計劃在哪裡上市呢？是 A 股、美股，還是港股？有這方面的規畫嗎？」陳總回答：「這方面我不懂啊，您有什麼建議嗎？」Simon 回答：「聽我們副總介紹完以後，我感覺我們在美股上市還是很合適的。如果陳總願意的話，我可以把我的計畫跟您匯報一下。後續我們可以重新做一個商業定位，然後再做股改。相信在我們重新調整結構以後，上美股應該不成問題，因為我們是一家非常優秀的企業。」

Simon 說完這番話，陳總的臉上露出開心的笑容，連聲說：「好呀，好呀，那你就說說你的計畫吧。」氣氛已經變得非常愉悅和諧了。我終於舒了一口氣。

在這個過程中，我觀察了陳總是如何被 Simon 說服的。剛開始，陳總對 Simon 是有所質疑的。他用沉默刻意拉開了與我們之間的距離。但是，Simon 首先對陳總的企業文化表達了「嘉許與肯定」；其次，在接下來的對話中，他一直在說「我們」——「我們陳總」、「我們企業」，Simon 用「我們」，把陳總拉到同一陣營中，讓陳總對他產生了認同感。而我在表達的時候，經常說的是「我」和「你」，這樣非但沒有把關係拉近，反而讓關係更加疏遠了。

在職場中，智商固然很重要，但 EQ 更具競爭力，尤其是在與人溝通的時候。不妨試試以「我們」代替「我」和「你」，拉近彼此之間的距離。當大家站在同一陣營的時候，一切才有可能向更好的方向轉化。

> **安妮說**
>
> 在與人溝通的時候，經常說「我」和「你」，非但不會把距離拉近，反而會讓關係更加疏遠。不妨試試以「我們」代替「我」和「你」。

大人也愛聽故事

很多人覺得我是個「行銷高手」，其實，我只用了一招——講故事。不要以為「聽故事」是小孩子愛做的事，其實，人人都愛聽故事。關鍵在於，你要怎麼講。

在現今社會，「會講故事」是一個人的核心競爭力之一。一個好的故事，需要具備細節、情節和價值觀。同時，這個價值觀中應該包含著「較量」和衝突。好的故事中，人物要有所成長，並且故事的結尾要觸及更深層的人性。

第六章　會說話的人，運氣從不太差

　　經常有人來跟我諮詢，要如何加入海歸協會，加入協會有什麼好處。按照我以往的做法，我會介紹協會有多少資源，辦過多少活動，有多麼厲害……總之，核心就是「我們很好很厲害，你趕緊交錢加入吧」。但時間久了，我發現這個招募會員的方法並不是那麼有效。有很多小夥伴會問：「其他商協會也很厲害啊，我為什麼要加入妳這個呢？」於是，我又要解釋一番我們與其他社團之間的差異。總之，我要花費很長的時間，才能引起潛在會員的興趣，說服他們加入我們協會。

　　後來，我改變了策略，我用「講故事」的方法來招募會員。我先分析了一下想加入海歸協會的小夥伴都有哪些訴求。透過這些年的觀察和問卷調查，我發現，想加入 A 市海歸協會的小夥伴主要有四類需求：第一，找工作，特別是希望能去知名的大企業工作；第二，找資金，希望能融資或尋找可靠的投資人；第三，找客戶，希望能透過這個平臺拓展客群；第四，找對象，希望能在這裡找到男女朋友或人生伴侶。

　　條列出這四類需求後，我針對每一類需求整理出了一個故事，而這些故事都是真實的。

　　不久前，一個畢業於美國賓州大學的高材生 Mike 找到我：「安妮姐，我想加入海歸協會。我剛回到 A 市，想看看

有沒有合適的企業可以鍛鍊一下。」我明確了他的需求,他是要找工作。

「我跟你講一個故事。大概在八年前,我們協會有一個創始理事叫 Jenny。Jenny 當時剛從英國回來,加入協會之後,透過協會的介紹,去了某銀行做銷售助理。Jenny 是很聰明、很出挑的女孩子。她很努力,在銀行工作兩年,把我們大部分熟悉的會員都拉過去開戶了,包括我自己。她說,你來我們分行開戶,我送一個保溫杯給你,再請你吃飯。憑藉超強的行銷能力,她只用了兩年時間,就從一個銷售助理做到了分行行長。三年後,她的業績已經非常出色了。我們這個平臺一直在助力她,替她對接了許多高階客戶。兩年前,她被香港渣打銀行挖了過去,現在是大中華區行銷總裁。挖她的這個香港人,也是我們協會的合作夥伴。你覺得,海歸協會對你有沒有幫助?」我滔滔不絕,一口氣講完了這個故事。Mike 聽完眼睛都亮了,二話沒說,立刻入會。

過了不久,一個從德國回來的小海歸 Lee 準備在 A 市創業,他要引進一款海外的醫療設備。他跑來找我,諮詢我如何加入協會,以及入會有哪些益處。

我說:「Lee,像您這樣回 A 市創業,透過海歸協會受益的創業者,實在是太多了。我們協會有一個副會長叫 Jessica,她從事的是幼教行業,主要做兒童美育,她的品牌名

第六章　會說話的人，運氣從不太差

叫『多多熊』。三年前，她加入海歸協會的時候，只有不到十家店。Jessica 是一個很有奮鬥精神的人，同時也很樂於助人，善於社交，幾乎我們每次活動她都參加。我們也都很喜歡她。她到任意一個城市去發展事業，我們都會對接當地的海歸資源給她。由於 A 市海歸協會是全國做得最好的海歸組織，Jessica 代表我們去拜訪國內任意一個海歸社團，都會受到非常高的禮遇。就這樣，在三年內，『多多熊』從不到十家店，發展到一百家店。這不是重點，重點是她在去年完成了 A 輪融資。投資她的人，也是我們協會的一位會員。因為彼此熟識，彼此認可，他才決定幫助 Jessica，完成華麗的轉身。」聽我講完這個故事，Lee 激動地說：「太棒了，海歸協會成就太多人了！我馬上就加入，我要跟著這個大平臺一起發展。」有時候，我也會遇到一些要找客戶的會員。有一次，澳洲海歸 Maple 問我：「安妮，妳覺得我可以在海歸協會找到客戶嗎？」遇到這類問題，我通常不會回答「可以」。我會告訴她一個真實的故事。

「我們有一個創始副會長叫 Jack，他是做有機農產品的。他在許多地方都有自己的農產品基地。只是他家的有機蔬菜大部分銷往『新馬泰』和香港、澳門。當時，海歸協會剛剛成立，我們建議他開通一個協會內部平臺。協會有一千多個會員，如果有一半會員每週訂他的蔬菜，那也是一筆不小的收益。在我們的建議下，他開通了海歸內部管道。不到半年，

他告訴我，他的利潤已經達到幾百萬元了。雖然和他總體的銷售數額比起來，只是小巫見大巫，但這只是個開始。A市有一萬多個社團，如果每個社團銷售額是兩百萬元，那麼也是一組不小的數字了。之後，我們又把A市知名的高階餐飲機構對接給他，因為這些餐飲機構大部分都是我們的合作夥伴。現在，A市排名前十的餐廳，訂的都是他家的有機蔬菜。你覺得，我們這個平臺對他的業務拓展有沒有幫助？」這個故事，其實已經回答了Maple的問題。

還有一類海歸，加入協會的目的是找對象。這個時候，我會跟他們講Neo的故事。

「我們協會有個海歸叫Neo，他特別喜歡跑步，於是他成立了一個『海歸跑團』。由於現在喜歡跑步的人太多了，不到一個月，這個跑團就發展出了各地跑團，還有早跑團和夜跑團。Neo是加拿大海歸，單身，一直想找個可靠的女孩子結婚。後來，他在管理跑團的時候，認識了一個女孩子，也是我們的會員。他們因為共同的興趣愛好而結識，不久以後就確定了戀愛關係。上個月，他們已經登記結婚了。這兩位會員特別感謝我們，覺得是我們協會成就了他們。其實，是他們找對了組織，並且在這個組織裡，彼此成就。」看，會講故事讓行銷變得特別簡單。講故事的時候，不要努力去「講」這個故事，而是要讓我們自己去「成為」這個故事中的一員。就像我在前面所說的，好的故事，應該具備細節、情節，以

第六章　會說話的人，運氣從不太差

及好的價值觀。故事的主角要在這個故事中得到成長和提升，最終取得足以「打動人心」的結局。

有時，「道理」是枯燥乏味的，用「講道理」去與人溝通，很難達到理想的效果。這時，不如講個故事。因為人容易被故事打動，卻不容易被道理說服。學會講故事，你的溝通能力將獲得很大的提升。

> **安妮說**
>
> 講故事的時候，不要努力去「講」這個故事，而是要讓我們自己去「成為」這個故事中的一員。

第七章
合作腦養成計畫：
不是合群，而是合拍

請記住：一顆星星，組成不了一條銀河。

第七章　合作腦養成計畫：不是合群，而是合拍

選擇認同你的人，而不是你喜歡的人

多年前，我結識了一位做媒體的姐姐 Anna。她當時在 A 市一家知名電視臺做主持人，是那家電視臺的招牌花旦，經常採訪市長和上市公司的老闆，在媒體圈有名得不得了。她顏值高，又有氣場，走到哪裡都能吸引一群粉絲。她不但是電視臺的代言人，更是媒體界的一張名片。就是這樣一個姐姐，在她的事業做得風生水起的時候卻辭職了。聽說，是自己去創業了。

有一天，這位姐姐聯絡我，說有些事情想麻煩我。我當時感覺有點驚訝。因為，我們只是認識，不會太熟悉，加上有很多年沒聯絡了，我很意外她竟然還保留著我的聯絡方式。不過，既然她肯找我幫忙，那麼我一定會竭盡全力幫助她。

於是，我如約來到了 Anna 的公司。她的公司坐落在 A 市一個文化創意園裡，那裡以藝術氣息濃厚而出名。公司的位置很好找，就在咖啡廳樓上，那裡只有她一家企業。還沒進門，我就忍不住感嘆：這辦公氛圍也太有情調了吧！

上了三樓，一進門，映入眼簾的是古香古色的中國風裝飾：接待檯是紅木的，牆上掛的是古代名畫，辦公桌上隨處可見各種擺件。一眼望去，感覺個個「身價」不菲。我早有耳聞，Anna 是一位資深的藝術品愛好者。她特別喜歡藝術作

品,尤其是中國古典藝術。她說,她賺的錢幾乎都用來買各種藝術品了。她家儼然就是一個大型藝術品「倉庫」,現在,就連辦公室也快擺滿了。逛了一圈,我感覺這裡不像一間辦公室,更像一個藝術品展廳。

Anna 見到我很開心:「安妮呀,妳終於來了,我現在太需要妳幫忙了。」

我好奇地問:「Anna 姐,請問您找我有什麼事啊?這麼著急。」

Anna 說:「我創業三年了,現在遇到了很大的瓶頸,主要是人才的問題。我知道妳在做海歸招聘會,妳能不能幫我介紹幾個海歸?什麼樣的都行,越多越好,各類都要。」我一聽就糊塗了。來找我幫忙推薦海歸人才的企業家很多,但幾乎沒有像 Anna 這樣的 —— 沒有條件,各類都要。一般情況下,企業家會跟我說:「安妮,我需要技術類人才,工科畢業,有三年以上的工作經驗。」或是「安妮,我需要做市場行銷的人才,最好在相關行業工作過,有一定的人脈資源。」像 Anna 這種要求實在有點超乎我的想像。我趕緊坐下來,詢問 Anna 詳細的情況。

Anna 的公司裡有二十多位員工,坐得密密麻麻的。人雖然不少,但感覺辦公室裡氣氛很壓抑。大家各自埋頭苦幹,很少交流。搞得我也只好壓低了聲音,弱弱地問:「Anna 姐,

第七章　合作腦養成計畫：不是合群，而是合拍

我看您公司裡人也不少嘛，您還需要招聘哪類人才呀？」

我似乎問到了 Anna 的「痛點」，她開始滔滔不絕：「安妮，妳不知道呀，我的公司裡雖然員工很多，但關鍵時刻都沒有什麼用。工作都是我一個人做，還得發高薪給他們。就拿我那個助理來說吧，我讓他寫份報告，他居然連金額和日期都能寫錯。我得負責跟在他後面檢查錯漏。所以，他不是我的助理，我是他的助理才對！本來以為他會開車，所以讓他兼職當我的司機，結果他天天開錯路，害我經常開會遲到，耽誤了好多工作。」Anna 啟動了「抱怨」模式。

我問：「那您之前是如何招聘到這位助理的呢？」我很好奇，這樣的助理是怎麼通過面試的。

「是朋友介紹的呀！我看這個男孩子個子高，形象好，性情也隨和，很討人喜歡，所以就錄取啦！但沒想到他那麼笨，怎麼教都教不好。」原來，Anna 不是看工作能力，而是看這位小助理的形象和性情不錯，就錄取了。我感覺 Anna 選人的標準真是太奇特了，不僅奇特，還很隨意。

「哎呀，別提這個助理了，我跟妳說正事。聽說妳正在辦海歸招聘會，我需要招聘很多人，但現在最急迫的，是需要一個大客戶銷售總監。妳幫我物色一個優秀的海歸吧？我的大客戶都是外商公司，對英語的要求很高，我覺得海歸十分合適。」Anna 切入主題。

> 選擇認同你的人,而不是你喜歡的人

「沒問題啊,我們協會下週末舉辦海歸招聘會,您現在報名還來得及。這樣吧,您安排一個同事跟我對接,我為您安排一個醒目的位置,這樣更容易收到優秀的履歷。」聽了我的話,Anna 對著門外喊道:「小玲,過來一下。」一個長得很精緻的小女生跟跟蹌蹌地跑了過來:「老闆,您找我有事啊?」

「這位是海歸協會的安妮祕書長,協會下週末有個海歸招聘會,妳負責跟進一下。」Anna 的執行力也超強。

可是,小玲疑惑地看著我說:「我負責啊?」

Anna 有點壓不住火氣,說道:「妳不負責,難道是我啊?」小玲沒再反駁,只是邊走邊低聲地「碎碎唸」:「可是我沒做過啊……公司那麼多人,幹嘛找我呀……」

Anna 有些難堪地對我說:「安妮,妳看,我們公司的情況就是這樣。雖然有二十多個人,但是值得重用的沒有幾個。小玲也是我在一次飯局上認識的。當時,我看她說話做事 EQ 很高,又很想進傳媒行業,我就招進來了。可是妳看,安排她做事情還推三阻四的。妳說,都是這樣的員工,我累不累?根本就是我在為他們工作。真是氣死我了。妳趕緊幫我找人,我要把現在的人全換掉。」

這時,我才終於讀懂了 Anna 的「招聘思維」。她選擇的人,都是身上有一些特點是「她喜歡」的,比如:有人顏值

第七章　合作腦養成計畫：不是合群，而是合拍

高，有人 EQ 高。但這些人，在思想上不見得認同她。不認同她的人，或許會與她工作一時，但肯定不會真心實意地一直跟著她往前走。一個企業的老闆，在某種程度上決定著這家企業的文化特質。老闆在選擇員工的時候，應該選擇那些「認同你的企業文化」的，而不是一味選擇「你喜歡」的。

與 Anna 形成鮮明對比的是一個做建築裝飾的老闆。他的公司現在已經躋身全國百強企業了。他告訴我，他的人生曾經遭遇過兩次大起大落。在那兩個低谷時期，公司財務癱瘓，資金鏈斷裂，發不出一分錢薪資。但是，那九個月，他的高管團隊沒有一個人離職，大家選擇不拿薪資，拚了命跟他一起度過難關。我問他：是什麼原因讓這些高管願意跟著他一起面對困難？他說，因為他選擇的都是認同他，也認同他們企業文化的人。他們從內心深處認同他的為人，所以當公司遇到重大困難的時候，他們都會支持他，陪著他一直走下去。他們之間不僅僅是事業上的合作關係，更是精神上的夥伴關係。

所以，在組建團隊的時候，一定要選擇那些認同你、認同你企業文化的人。只有價值觀一致的人，才會一直跟著你，一心向著你，打造出高效、和諧，有力量、有未來的團隊。

> **安妮說**
>
> 在組建團隊的時候，一定要選擇那些認同你、認同你企業文化的人。只有價值觀一致的人，才會一直跟著你，一心向著你，打造出高效、和諧，有力量、有未來的團隊。

為團隊打造「共同夢想」

上個月，我去 C 市出差，拜訪了一家上市公司的董事長張總。張總是一位儒雅的企業家，說話慢條斯理，溫文爾雅，好像從來不會生氣一樣。跟他接觸好幾次，他留給我最深刻的印象是，很照顧對方的感受。跟張總交流感覺很舒服，這種「舒服」來自他的親切感和親和力。他完全不像人們刻板印象中上市公司的老闆那麼高冷、霸氣，更像一個關心你、支持你的大哥哥。更重要的是，張總為人非常低調。

認識他這麼久，我都不知道他是頂大高材生，還是牛津大學的法學博士。「低調，奢華，有內涵」，形容的就是張總這樣的人。我被張總徹底「圈粉」了。張總告訴我說，他的人生座右銘是：「仰望星空，腳踏實地。有目標，沉住氣，踏實做。」十年不抬頭，一抬頭，他已經一不小心成了行業第一。

第七章　合作腦養成計畫：不是合群，而是合拍

　　張總知道我來了 C 市，本想接待我，正巧那時有貴賓來訪，於是張總就安排他公司的總經理 Jay 來接待我。Jay 也畢業於名校，曾在華爾街做過金融，現在是張總的合夥人。Jay 也超級低調。跟他相處了一整天，他從沒說過一句表露自己背景和實力的話。有關他的一切都是張總後來告訴我的。Jay 帶我參觀了他們的公司，介紹了公司的情況。我問 Jay：「為什麼你會想加入這家公司呢？」Jay 跟我說：「人總要有點夢想，我之所以加入這家公司，是因為我們有共同的夢想。我們希望把公司打造成一家在國內有影響力的企業。仰望星空，腳踏實地，一步一個腳印。」天啊，Jay 的表述幾乎和張總一模一樣。「這家企業的文化真是深入人心啊。」我在心中感嘆。

　　到了晚上，Jay 叫來另一位同事 Abby，大家一起吃飯。Abby 長得眉清目秀，也是個非常優秀的女孩。Abby 告訴我，她追隨張總做事已經有十二年了。我很驚訝，原來她在這裡工作這麼久了。我問：「在這十二年中，您就沒有一刻想過要離開嗎？」Abby 回答我：「真的沒有。我從一加入這個團隊，就夢想著和小夥伴一起走到最後。我們的目標是把公司打造成行業內的標竿，我們要做一家有影響力的良心企業。不急功近利，不急於求成。有目標，沉住氣，踏實做。」Abby 笑著說。

　　我當時就驚呆了，他們三個人說話的語氣幾乎一模一樣，內容也相差無幾 —— 有使命感，有社會責任感，有目

為團隊打造「共同夢想」

標；仰望星空，腳踏實地；低調，務實，可靠。我對他們的企業文化產生了濃厚的興趣。我說：「我太佩服你們了！你們的企業文化真是了不起！不過，我還是要冒昧問一句，你們是真的這樣想，還是被企業培訓出來的？」

Jay 笑著說：「安妮，妳知道嗎？我們這些追隨張總很多年的高管，都有同一個夢想，就是把企業打造成行業內的標竿的同時，努力回饋社會。我們團隊從來不會計較個體利益，而是會站在社會的角度去考慮問題。這麼多年來，我們早就形成了共同的價值觀，那就是 —— 成人達己。我們每做一件事之前，都會先考慮，這件事能否幫助和成就別人。如果是，我們就去做；如果不是，即便利潤再高，我們也會放棄。」

Abby 繼續說：「其實，這是符合宇宙運行規律的。當我們努力去成人達己，做良心企業的時候，客戶也會越來越喜歡我們，因為他們能夠感受到我們的真心。我們的品牌影響力會越來越大，因為我們一直在努力回報社會。」

我終於明白了，張總的團隊之所以如此高度統一，是因為團隊有著「共同的夢想」。每個人都希望打造良心企業，回報社會。而每一位懷揣這個夢想的高管，都有著一致的價值觀 —— 成人達己。

Abby 接著說：「妳知道嗎？由董事長帶頭，我們所有的

第七章　合作腦養成計畫：不是合群，而是合拍

高管，每天都會在本子上寫這樣一段話，『有目標，沉住氣，踏實做』。我們堅持寫這段話，寫了很多年。每天，我們都會把寫好的文字拍下來，傳到群組裡。這樣充滿正能量的價值觀，已經深深地根植在我們的信念中了。」

好齊心的團隊！我被他們這樣的方式震撼了。

「我想請教一下，在你們創業的這些年中，就沒有遇到困難嗎？如果遇到困難，該怎麼辦呢？」我提出了我的疑惑。

Jay笑了一下說：「在奔跑中調整姿態。辦法總比困難多。我們從來不會去抱怨任何事，而是把焦點放在解決問題的辦法上。」

在奔跑中調整姿態。雖然前路漫漫，但大家始終朝著一個方向奔跑。如果遇到問題，就一邊「跑」，一邊調整姿態。

我終於明白了，為什麼張總能吸引到這麼多優秀的人才。因為，他為團隊打造了「共同夢想」。這個「共同夢想」又是在「利他」的基礎上形成的。他們在成就別人的同時，也在成就著自己。如果每個人都能「利他」，那麼這個世界將越來越和諧，越來越溫暖。

記得曾經看過一個故事：一個人，很想知道天堂與地獄究竟有什麼差別，於是天使就帶他去參觀。他先來到地獄。只見地獄裡放著一張很大的餐桌，桌上擺滿了豐盛的佳餚，看起來生活非常不錯。「地獄是這麼好的嗎？」他的心裡很

困惑。天使說:「你再繼續看看。」過了一會兒,用餐的時間到了,一群骨瘦如柴的餓鬼撲向了座位,每個人手裡都拿著一把長長的勺子。由於勺柄實在是太長了,餓鬼看著滿桌的美味,就是吃不進嘴裡去,餓得發出悲慘的哀號。天使說:「我再帶你到天堂看看。」到了天堂,出現了同樣的餐桌,桌上擺著同樣的食品,吃飯的人們拿著同樣長的勺子。唯一不同的是,天堂裡的人不是徒勞地拿勺子餵自己吃,而是彼此餵給對面的人吃,大家吃得其樂融融。天堂呈現出一片溫暖幸福的景象。

故事很簡單,道理卻很深刻。同樣的客觀條件,為什麼有些人把它變成了「天堂」,而另一些人卻把它變成了「地獄」?「天堂」和「地獄」之間的距離,到底有多麼遙遠?

其實並不遙遠,只在你的一念之間。團結合作,成人達己,就是天堂;彼此爭鬥,損人利己,就是地獄。助人就是助己,生存就是共存。成就別人,就是在成就自己。一個團隊,「內」有共同的價值觀,「外」有共同的夢想,這樣的團隊,沒有辦法不成功!

> **安妮說**
>
> 團結合作,成人達己,就是天堂;彼此爭鬥,損人利己,就是地獄。助人就是助

第七章 合作腦養成計畫：不是合群，而是合拍

> 己,生存就是共存。成就別人,就是在成就自己。

帶團隊需要儀式感

前段時間,我們協會組織了一場海歸招聘會。因為我們沒有全職業務,所以我鼓勵團隊裡的十個小夥伴,每個人都兼職做業務。其實,每個小夥伴都有自己的本職工作,大家都是利用閒暇時間,「順帶」推銷招聘會展位。我簡單向大家培訓了一下銷售的技巧和方法,希望能幫助大家盡快進入銷售狀態。

我們每週都會統計上週展位的銷售情況。連續三週,同事 Eric 的銷售成績都是最好的:第一週,他銷售了八個展位;第二週,他銷售了十一個展位;第三週,他銷售了二十二個展位。我為他的成績感到震驚。Eric 平時話不多,斯斯文文的。他走在人群裡,很容易被「淹沒」。他既不張揚,也不顯眼。這個連與人搭訕都會害羞的男孩,竟然會成為銷售冠軍,真是出乎我的意料。銷售展位有提成,Eric 的提成拿得最多。為了便於統計,每個月發薪資的時候,協會會將提成一起打到薪資卡裡。

讓我困惑的是，團隊內的差距越來越大。Eric 繼續是銷售冠軍，其他小夥伴繼續默默無聞。即使大家都知道，銷售出一個展位有不菲的提成，可是除了 Eric 之外，其他同事似乎都動力不足，對這件事顯得漫不經心。於是，我決定透過「儀式感」幫大家打氣。

週一早上，例會照常進行。匯報完常規的工作之後，我問大家：「大家知不知道上週的銷售冠軍是誰啊？」小夥伴們異口同聲地說：「Eric。」

「好，那我們現在請 Eric 上臺。」我邀請 Eric 走出來，站到會議室的正中央。他困惑地看著我，沒搞清楚我要幹嘛。

我轉頭對大家說：「現在，請所有的同事都走出來。」我引導全部同事走出來，圍成一個圈，把 Eric 圍在中心。大家也不知道我的意圖。正當大家疑惑地竊竊私語的時候，我突然說：「請大家鼓掌三分鐘，為 Eric 的成績喝彩！」

這時，大家才反應過來，熱烈的掌聲響了起來。我在一旁加油：「掌聲再熱烈一點，不要停。」

掌聲越來越響，氣氛越來越熱烈。小夥伴都笑了。中間的 Eric 被這陣勢給嚇「傻」了。他還沒有反應過來，就被同事給捧成了「明星」。三分鐘後，我說：「停！」掌聲停了下來。不過，氣氛還是很熱烈，同事的心情也很激動。

這時，我對 Eric 說：「Eric，請你分享一下，你是如何在

第七章　合作腦養成計畫：不是合群，而是合拍

一週內銷售二十二個展位的。」

過去，我從來不會讓同事分享銷售心得。因為我感覺他們太年輕了，人生經驗也沒有我多，即使讓他們分享，猜想也說不出什麼。於是，大部分情況都是我在說，他們在聽。

可是，Eric 那天的分享，讓我受益匪淺。他讓我了解到，每個認真努力工作的人，每個取得優異成績的人，都自有一套方法和哲學。

Eric 開始分享他的銷售祕訣：「首先，我會找一些我比較熟悉的企業進行溝通。我會向他們介紹我們的招聘會，並且向他們講幾個成功招聘的案例。之後，我通常會遇到兩種情況。第一種，他們很感興趣，但覺得價格貴。這個時候，我就會說，『您想想看，這個價格能幫您找到一個得力的助手，而這個得力的助手可以為您創造巨大的價值。這個時候，您還會覺得價格貴嗎？我們有那麼多成功的經驗，很多企業在我們這個平臺上招到合適的人才。現代社會的競爭是人才的競爭。您千萬不要錯過這個機會』。第二種情況，對方不感興趣。遇到這類客戶，我會告訴他，『即使不感興趣，也請留意一下我們這個平臺。未來需要與海歸溝通的相關工作，都可以聯絡我，我叫 Eric』。這樣的收尾，不會很唐突，也可以給對方留下一個好印象。所以，那些原本不感興趣的客戶，後來都會找到我，因為他們經常看我在社群介紹這個活動。我

有一個習慣,就是喜歡做宣傳。比如:我剛簽下大馬金融,我就會告訴全世界,『這家企業被我簽下了』。這樣高調的宣傳,其實對那些還在考慮中的企業會產生很大影響。特別是,當對方看到自己的競爭對手也參加了我們的招聘會時,他們就按捺不住了。這個時候,如果我們再使勁『推』一把,這個客戶就拿下了。」

大家都聽得很認真,有的同事還在邊聽邊做筆記。我發現,他的分享其實很有「料」。我一直以為自己才是最厲害的銷售,可是我突然意識到,每個「八年級」的小夥伴都有自己的一套銷售哲學。我需要做的,就是去發掘他們的亮點。

Eric 講完之後,我讓財務把他上週的銷售提成換成現金,裝在一個大信封裡。在全體小夥伴的面前,我把這個大信封親手交給 Eric,並請同事拍照留念。之後,我讓同事把照片沖洗出來。我們在辦公室的一面牆上做了個「榮譽榜」,把每週銷售冠軍的照片貼在上面。

這是我自己設計的一個小儀式。我希望透過這樣的儀式,鼓勵那些沒有動力的小夥伴,開動自己的「小馬達」,成為自己的「銷售冠軍」!不出我所料,這一招很奏效。接下來的一週,就有兩個小夥伴的銷售成績接近 Eric,整體銷售業績是上週的三倍。本來計劃在兩個月內完成三百個展位的銷售任務,結果不到一個月任務就完成了。其中,還包括幾十

第七章　合作腦養成計畫：不是合群，而是合拍

家百強企業！這個成績真讓我驚訝。看來,「儀式感」的效力真的是太大了！

一個小小的儀式,還帶來了額外的收穫 —— 團隊的凝聚力變強了。之前,大家都不太會針對銷售這件事進行交流。自從銷售冠軍有了「儀式感」之後,小夥伴經常自發成立早會和晚會,一起討論銷售策略和技巧。大家還會互通有無,相互鼓勵。有的同事還會幫助其他同事去「攻克」對方的客戶。以前那種懶懶散散、漫不經心的狀況,已經完全消失了！

帶團隊需要「儀式感」,把這個小技巧運用到團隊管理中,不僅會大大提高管理效率,還會增強團隊的凝聚力！

> **安妮說**
>
> 小小的儀式感,能讓尋常的日子煥發出新的光彩,也能讓普通的工作變得激動人心。

大 IP 群組成大品牌

我做海歸工作十年了,遇到的最大難題,就是團隊成員離職的問題。在我做協會的前幾年,幾乎每個月都會有一個

人離職,導致我的工作無法順利進行。

我常常思索為什麼會發生這種情況。在協會中,我個人的影響力越來越大了,可是團隊的凝聚力卻越來越小。問題到底出現在哪裡?我平時的工作特別忙,每天從早忙到晚,經常沒有休息日。與我的情況形成鮮明對比的是,團隊小夥伴很「閒」,他們的工作不飽和。更重要的是,他們找不到工作的成就感。感覺協會的祕書處只成就了我這個祕書長,其他人都是我的陪襯。我是紅花,他們都是綠葉。但是,有能力的人,都不會甘願一直當綠葉。每個人都希望自己能有一番作為,得到主管的肯定和社會的認可。一個好的領導者,不是一個自己忙到飛起來的領導者,而是一個讓下屬「忙得很有成就感」的領導者。

想明白了這個道理,就是我改變的開始。

我制定了一系列計畫。首先,我找時間和每一位同事溝通,找到他們最關心的「點」在哪裡。有的同事告訴我,他想賺錢;有的同事告訴我,他希望成為像我一樣的IP;還有的同事告訴我,他也不知道自己想要什麼。於是,我決定給大家一些動力。

在一次會議上,我對大家說:「各位同事,每個人來到這裡,都有不同的目標。但我相信,你們都不是為了這份薪資而來的。說實話,協會的薪資是很低的。如果你們只是為

第七章　合作腦養成計畫：不是合群，而是合拍

了養家糊口，那麼猜想這裡不適合你。你隨便找個大企業，薪水都是這裡的好幾倍。但是，一個人要想『升遷』，你得先『增值』。相信海歸協會祕書處是一個能讓你增值的地方。我從不奢望你們能在這裡工作『一輩子』，我只希望你們能全力以赴地工作『一陣子』！在這特別的『一陣子』裡，我希望你們每個人都能成為最好的自己。你們能變得足夠強大，足夠優秀。要知道，我這個祕書長不是來管理你們的，而是來成就你們的。我希望你們每個人都能成為一個小星球，閃閃發光；我們這群人，能組成銀河系，點亮自己，也照亮他人。」

同事都被我鼓舞了，大家開始思考，他們想要的人生究竟是怎樣的。而我呢？我要用實際行動來證明，我是一個願意成就他們的人。於是，我開始整理我的工作方法和思路，以及我在與人交流時的邏輯。整理好之後，我召集大家開會，透過我的親身經驗，來幫助每一位同事提升他們的社交能力。我希望每一位同事都能像我一樣，走到哪裡都自帶光芒。我發現，每一位小夥伴都有著無限的潛能。他們能結合自己的特點，發揮出自己的特色，甚至有一些同事能超越我，這是讓我很自豪的事。

我的助理 Chloe，她的理想是成立自己的公司。我希望我能幫助她。於是，我的大小聚會，與有資源、有人脈的企業家會面時，我都會帶著她。我會很自豪地跟對方說：「這是我的同事 Chloe，她是非常優秀的海歸。」剛開始，Chloe

比較靦腆和生澀，但隨著跟我出席的活動越來越多，她已經能在各種社交場合如魚得水了。大家都很喜歡她，也很認可她。有一次，一家上市公司來 A 市找我們談合作。正巧那時我在海外休假，無法接待。我安排助理 Chloe 負責接待。當時，對方的經理還有點擔心，問我：「安妮，妳的助理能應付得了嗎？」由於對方來的人位高權重，這位經理有點擔心 Chloe 無法控場。我很認真地對他說：「放心吧，她可以的。」果然，不出我所料，Chloe 接待得特別好。會議結束後，對方經理私訊我說：「安妮，妳知道嗎？妳的助理太厲害了！她的氣場、能力完全不輸給妳，我已經被她圈粉了。」

看到這條訊息，我特別開心。下屬的能力超越了我，這說明，我是一位優秀的領導者，才有這麼優秀的下屬。

後來又有一次，一位電臺主持人邀請我去參加一檔節目，介紹我們協會的女性論壇。可是，那天晚上我早就有安排了，於是我推薦祕書小慧代替我去參加。主持人一聽是我的祕書，就開始擔憂：「小祕書能把活動說清楚嗎？」不過，情況已然如此，她也不好拒絕我，只能硬著頭皮讓小慧上節目了。節目結束以後，主持人激動得不得了：「安妮，妳的祕書太能幹了！準備充分，邏輯清晰，EQ 也很高！跟觀眾互動的時候，問題回答得特別巧妙。妳的團隊好厲害呀！」

看到 Chloe 和小慧都成了一個個小 IP，我的內心無比激動。一個好的領導者，不在於他（她）自己有多厲害，而在

第七章　合作腦養成計畫：不是合群，而是合拍

於他（她）的團隊有多厲害；一個好的管理模式，不是領導者「管」出來的，而是即便領導者不在，團隊依然可以照常運行。更有意思的是，當他們越來越能幹，越來越閃耀時，我反而越來越輕鬆。我有更多的時間思考、寫作、旅遊，做自己想做的事情。當我有更多的時間更好地成長時，我也更有能力去成就他們。這樣的模式，是我心裡最好的模式。

我始終相信，成就一個大品牌的，不是一個人，而是一群人。把祕書處的小夥伴打造成一個個 IP，我們祕書處終有一天會成為最有影響力的大品牌。

> **安妮說**
>
> 我從不奢望小夥伴能在我這裡工作「一輩子」，我只希望他們能全力以赴地工作「一陣子」！在這特別的「一陣子」裡，我希望每個人都能成為最好的自己。

第八章
用心不是天生，是練出來的

什麼能從一個人的心裡「走」過？答案只有一個。

第八章　用心不是天生，是練出來的

用心，是一種能力

由於工作的原因，我會接觸到很多不同的人。如果問我最欣賞的女性是誰，我會回答：英華姐。

我認識英華姐有十幾年了。英華姐面相和善，總是笑容可掬、溫柔體貼的樣子，說起話來也是慢條斯理的。跟她相處，絲毫感覺不到壓力和緊張。她從事的是教育培訓行業。我最初跟她結識，就是因為上課。我很喜歡上課，之前一直在英華姐這個平臺學習。後來，因為工作忙，就暫停了一段時間。不過，我們一直保持著聯絡。我關注著她，她也關注著我。

英華姐的學歷不高，也不是特別有錢，好像也不是特別有能力。但是，她的身邊總是圍繞著很多高學歷、高素養、財力雄厚、能力超群的人。之前，我一直對這個現象感到疑惑不解，不明白為什麼她能吸引那麼多厲害的人。直到後來發生了兩件事，把我也變成了她的「鐵桿粉絲」。

我和英華姐雖然相識多年，但一直沒有事務上的正式合作。英華姐知道我能力很強，也知道我樂於助人，只是沒有找到一個特別好的合作契機。加上我做協會一直比較順利，貌似也沒有什麼需要她幫助的地方。有好幾次，英華姐約我聊天，想談合作，都因為我的工作太忙而未能成行。前段時間，她又發起一個專案，突然想到我。她覺得這個專案如果能與我合作，那麼將事半功倍。於是，她約我吃飯。

用心，是一種能力

那段時間，我的工作發生了一些問題，導致我的身體狀態特別不好。我連續咳嗽了一個月。去看西醫，西醫說是過敏性咳嗽，開了很多西藥給我，吃完也不見好。去看中醫，中醫說是因為換季的問題，又開了一堆中藥給我，我連續喝了一個多月，病況也沒有好轉。我問醫生這是怎麼回事，結果醫生說：

「咳嗽一個多月很正常啦，有的人咳嗽半年。」我暈。

就這樣，我只能咳嗽著去赴約。我們在一家餐廳見了面，整整一個小時，我幾乎沒怎麼吃東西，一直在咳咳咳。英華姐想介紹她的專案，可是看到我這樣的狀態，又於心不忍，於是就打住了。她對我說：「安妮，我看妳的樣子很辛苦。我知道一家中醫診所，針灸很厲害。我是那裡的會員，那裡治療咳嗽還是滿有效的，我有好幾個朋友都在那裡治好了。妳也去試試吧。」

我心想：既然英華姐這麼說，那我就去試試吧，反正結果也不會比現在更糟了。於是，我按照約定的時間，來到了那家中醫診所。問診加針灸，一共需要一個多小時。我本來沒抱太大希望，結果，一個多小時過去後，我的咳嗽神奇地消失了！我真是太驚訝了。英華姐推薦的地方真的很不錯。於是，我傳訊息給她：「姐，我針灸一次咳嗽就治好了。這裡太神奇了。我想辦一張會員卡，請問我需要聯絡誰呢？」

結果，我馬上就收到了英華姐的回覆：「安妮，我已經

第八章　用心不是天生，是練出來的

幫妳辦好卡了，妳去櫃檯領就可以了。看到妳的身體好轉了，我實在是太開心了。希望妳每天都健健康康的，這樣我就放心了。妳不要太辛苦，身體是最重要的，要好好地照顧自己，好好地愛自己。有什麼需要，可以跟我說。雖然我的能力有限，但我會竭盡全力地幫助妳。」我被英華姐的這一番話感動了。猜想是她看出我工作上出了些問題，才導致身體抱恙。其實她上次約我本來是為了談合作，結果見我身體不適，關於合作的事情她一個字沒提。她一直在關心我好不好，健不健康。我被英華姐的真情感動得一塌糊塗。我傳訊息給她：「英華姐，感謝妳對我的照顧。未來，妳的事，就是我的事。」

英華姐讓我深刻地感受到：一個溫暖的靈魂，是多麼可敬可愛。

還有一次，我遭遇了一些棘手的事情，整個人的狀態跌到了谷底。我不敢跟家裡人說，怕他們擔心，可自己又不知道該如何是好。在這無助的時候，我想到了英華姐，於是就傳了訊息給她。那時已經是深夜了。英華姐平時睡得很早，但那天夜裡她一直默默地陪伴著我，傾聽我的訴說。我說了一個多小時。說完之後，我的心情平復、舒暢了許多。

我想到英華姐也該休息了，就真誠地感謝英華姐的陪伴。這個時候，她只說了一句話：「安妮，我只想說，妳不是一個人，無論發生任何事，妳還有我，未來的一切，我們一

起面對。」聽完這句話,我的眼淚嘩啦啦地流了下來。善良的她再一次感動了我。

後來,我又遇到過許多想跟我合作的人,可是他們都不曾像英華姐這樣打動過我。我覺得,這中間的最大差別是,英華姐有一種發自內心深處的善良。這種真心的善良令她擁有了一種能力,就是時時刻刻「用心」的能力。「用心」,這兩個簡單的字,意味著真誠與投入。什麼能觸動一個人的內心?那就是他(她)發自肺腑的真情。

我曾經以為,誰都可以「用心」,這不難。可是後來發現,並不是這樣的。很多人可以很理性、很有邏輯地表達一件事,可是這些理智的言辭卻很難觸動人的心靈。我們聽過很多滔滔不絕的「道理」,可是心卻沒有因此而變得溫暖。

原來,不是每個人都可以走入我們的心。而一旦這個人走入我們的心,我們就會一直追隨他(她)。

如果我們做人、做事都能「用心」,我們就會成為一個有溫度的人,一個吸引他人的人,一個能為這個世界帶來積極影響的人。

人很難被說服,卻很容易被感動。在我看來,每個人生來都有一顆善良的心。人生的全部際遇,都是在教我們如何發掘這顆善心,讓它釋放出更大的光芒。英華姐就是在用這顆善心,去感染和影響身邊的人。她是我學習的榜樣。她時

第八章　用心不是天生，是練出來的

時刻刻都在提點我，要做一個善良溫暖的人，同時，讓我們用一顆真誠的心去感染和溫暖別人！

> **安妮說**
>
> 「用心」，這兩個簡單的字，意味著真誠與投入。什麼能觸動一個人的內心？那就是他（她）發自肺腑的真情。

利他之心，成人達己

好朋友 Mumu 是 A 市知名攝影工作室——「幸福製造攝影機構」的創始人，也是一位很有情懷的攝影師。一天下午，Mumu 聯絡我，約我喝咖啡，說有些事想請教一下。於是，我們在星巴克見了面。

Mumu 告訴我，她最近和一位海歸合作，代理了全球頂級奢侈品服裝品牌，專門做禮服租賃，這個專案叫「明星衣櫥」。Mumu 給我看了部分禮服的照片。我瞬間被吸引了：真的很好看！不管是款式、設計，還是色彩搭配，都是國際水準。Mumu 告訴我，品牌的總部在香港。很多香港明星出席活動時，都喜歡租這家的禮服。現在她代理的是國內的第一

家,所以壓力很大。要想把這個「明星衣櫥」在A市的第一家店鋪經營好,的確需要一些方法和策略。Mumu知道我做行銷推廣很在行,所以特意向我請教,希望我替她出主意。

我想了想說:「我們這個產品是非常好的,那麼,如何用最小的投入贏得最大的產出?我有兩個建議。第一,我們可以在A市有影響力的女性活動中,進行產品贊助和植入。比如:請活動的演講嘉賓或主持人穿我們家的服裝,再在現場放一個展板進行宣傳推廣,這樣就有了曝光度。第二,我們可以在A市找十位有影響力的女性,讓她們穿著我們的服裝拍一組照片。

同時,告訴她們,以後她們出席任何活動,我們都願意免費贊助服裝,這樣她們就成了我們的代言人。這十位女性都是自帶粉絲的,粉絲看到她們經常穿我們家的衣服,也會受到影響。我想,轉化銷售的效果應該很不錯。」

Mumu覺得我這兩個建議實在是太棒了,她說:「安妮,你們協會最近有什麼可以讓我植入的活動嗎?」我想了想說:「剛好我們即將舉辦一個女性論壇,如果妳有興趣,那就植入一下吧。」Mumu特別開心,立刻和我同事對接上了,準備在我們的女性論壇上大力推廣。

Mumu問:「那妳能不能當我的形象代言人,幫我拍一組照片呢?」我欣然答應了。不過,那段時間我實在太忙了,

第八章　用心不是天生，是練出來的

為了幫助她，我特意請了一整天假，去 Mumu 的「幸福製造攝影機構」拍照。拍照是個技術工作，十分辛苦。我從早上十點一直拍到下午五點，一共拍了六組服裝。

海歸女性論壇如期舉行了。活動的前一天，Mumu 傳訊息給我：「安妮，妳需要租一套服裝參加明天的活動嗎？」我本來不太想租服裝，因為活動時穿禮服感覺有點不方便。但我想，如果我在論壇上穿她家的禮服，應該是很好的展示和推廣吧。想到這裡，我就答應了 Mumu。我租了一套服裝，並且在現場放了一張背景板做展示。

第二天，我穿著這件禮服參加了活動。很多海歸女生一入場就看到了我，又看到印著我形象的背景板，紛紛跑過來跟我拍照、諮詢、交流。這個展位一下子就爆紅了。活動中，我還時不時提醒主持人，要感謝 Mumu 的「明星衣櫥」贊助給主持人和現場嘉賓的禮服；並告訴現場觀眾，可以在門外的展位處進行諮詢和租賃。這下，Mumu 的展位前更是萬頭鑽動，十分火爆。

茶歇期間，很多海歸美女跑過來問我：「祕書長，這個『明星衣櫥』是妳開的嗎？好好看呀！請問怎麼租啊？」我說：「不是我開的，是我朋友開的。妳們可以去諮詢一下。」活動結束後，Mumu 告訴我，這次活動的推廣效果特別好。很多人加她 LINE 諮詢，還有的現場就轉帳了。她被這種效

利他之心，成人達己

率和成果驚呆了。

能幫上 Mumu 的忙，我很高興。這個世界上最有價值的事，就是為別人帶去驚喜。但首先，我們自己要做一個具有「驚喜能力」的人。

過了一段時間，Mumu 又有一批新款服裝到了。她問我，是否還能去幫她拍一組。我看了一下日程表：我馬上就要出差兩週，時間真的有點排不過來。但我知道，上次推廣的效果特別好，如果能繼續推一把，那麼對 Mumu 事業的幫助應該很大，於是我答應了。

拍攝的那天上午，我們約好了九點半開始，我九點就到了。從早上九點一直拍到下午五點，整整八個小時，連吃飯的時間都沒有。拍完之後，我已經累得連說話的力氣都沒有了。但我還要參加一個活動。拖著疲憊的身子，我馬不停蹄地趕到活動現場，一直忙到凌晨兩點才回家。

回到家後，我收到了 Mumu 的一條訊息。她寫道：「安妮，今天晚上我接了好幾個大單，都是妳的朋友。這段時間，透過妳的代言和推廣，我逐漸在妳的朋友圈建立了品牌，贏得了朋友的信任。大家開始慢慢認可和接受我了。謝謝妳，安妮。妳為我做了那麼多事，還耽誤了妳那麼多時間，我真的無以為報。我想跟妳說，我特別感謝妳！」我笑了笑，回覆她：「好朋友，不言謝。我是真心希望妳好。看到

第八章　用心不是天生，是練出來的

妳的事業蒸蒸日上，我很滿足。需要我做的，我絕對義無反顧！」Mumu 是一個很重情義的人。我希望成就她，真的不需要任何回報。

這件事過後沒多久，突然，有好幾個女性品牌聯絡我。他們問：「安妮祕書長，請問您可以為我們的品牌代言嗎？我們給費用。」我驚訝地回覆：「我只是個協會祕書長，不是代言人啊！」對方說：「我看到您幫『明星衣櫥』拍的照片很好看，把它人氣都帶起來了。您已經是一個有很大影響力的 IP 了。我們的品牌是女性用品中的奢侈品，我們覺得，您是最好的代言人。」對方的這番話讓我驚呆了。

本來，我只是想幫 Mumu 的忙，才會在活動場合幫忙展示，並沒有想出名的意思。可是陰差陽錯地，卻把自己捧成了 IP。透過這次「幫忙」，我提升了自己的品牌影響力。這件事讓我更加確信了一個道理：當我們真正去「利他」的時候，其實，最終成就的是我們自己。

> **安妮說**
>
> 當我們真正去「利他」的時候，其實，最終成就的是我們自己。

「我一定要成為的人」和「我絕不能成為的人」

有一次，和同事聊天時，有人問了一個問題：「你最喜歡的女明星是誰，為什麼？」小夥伴你一言我一語地回答起來。有人喜歡高圓圓，覺得她「女神、有氣質、美」；有人喜歡舒淇，認為她「性感、迷人」；還有人喜歡張雨綺，說她「霸氣、有性格」。大家問我：「安妮姐，妳最喜歡哪個女明星？」我想了半天，還真沒想到哪個女明星。我今年已經三十六歲了，從來沒有認真喜歡過任何明星，更別提女明星了。

但是，前一段時間，我被一位女明星「圈粉」了 —— 她就是韓雪。韓雪的形象一直是知性和美麗的，可是最近看了她參加的真人秀節目，我才發現，她可能是一個「男孩子」，只是誤闖進了一個美麗的外殼。而且，我在韓雪身上，發現了三個寶貴的特質：

第一個，自律。她每天早上七點半準時起床。在「晝伏夜出」的娛樂圈，要保持這樣的起床時間，實在是太難了。而且，她起床很麻利，沒有一絲拖泥帶水。她的朋友說，認識韓雪十年了，她赴約從來不遲到，甚至會把塞車時間都算進去。韓雪利用一切可以利用的時間來充電。起床以後，她會打開手機，邊聽新聞，邊準備早餐。每天晚上睡覺之前，

第八章　用心不是天生，是練出來的

她一定會留給自己兩個小時，用來寫日記和讀書。她用行動證明了：優秀的人不一定自律，但自律的人通常都很優秀。

第二個，自癒。和其他明星一樣，韓雪也會在網路上看到很多評價，有正面的，也有負面的。但她從來不去為負面評價辯解。即使有些言論令她傷心難過，她也能自我排解，消化處理。因為她有一種「自癒」的能力。這種「自癒」能力不是生來就有的，而是伴隨著日益強大的內心一點點練就的。這是經歷賦予她的寶貴特質。

第三個，自燃。韓雪無論走到哪裡，都是明亮的，閃閃發光的。這是因為她有一種「自燃」的能力。一個有「自燃」能力的人，無論所處的外部條件如何，她都能自己驅動自己，釋放能量，並用這種力量感染和影響周圍的人。她就像一顆鑽石，出現在哪裡，哪裡就被她的光芒所照亮。

於是，我實實在在地被這位女明星圈粉了。我最喜歡的一本心理學著作，是摩根・斯科特・派克寫的《少有人走的路》(*The Road Less Traveled*)。書裡有一個觀點：成熟的靈魂應當具備兩大特質──自律和愛。韓雪就完美地詮釋了什麼是「自律和愛」。在她身上，我看到了：你喜歡普通，就可以普通地活著；你喜歡特別，就可以特別地活著。韓雪就是一個喜歡特別的人。有人說韓雪是娛樂圈中的一股清流。可是韓雪會告訴你：你以為我的生活很特別，其實不是的，我只是以最特別的方式來完成它。這就是韓雪。

「我一定要成為的人」和「我絕不能成為的人」

她就是我想成為的人。

前不久,老家的表妹生了二胎,邀請我回去喝喜酒。表妹比我小兩歲,小時候,我們長得特別像,常常被人認錯。我印象中的她,用一個詞來形容,就是「靈動」——聰明、機靈,一雙水汪汪的大眼睛彷彿會說話。

自從我離開老家來到 A 市,我和表妹便漸漸失去了聯絡,直到前陣子才重新連上線。這些年我未曾回去過,對她的生活也不太了解。這次回老家參加表妹兒子的滿月宴,是我十幾年來第一次返鄉。

當我再見到表妹時,心中百感交集。她熱情地迎接我:「安妮姐姐,好久不見!」我一時間竟有些恍神。歲月在她身上留下了痕跡,那個曾經靈動、朝氣十足的小女孩,現在多了一份日常生活的踏實與樸素。她過著相對穩定的日子,選擇了一條與我截然不同的道路。

後來我了解到,她專科畢業後便選擇不再升學,做過一些工作,二十歲出頭便結婚成家。生活重心逐漸轉向家庭與孩子。每天的日子,是帶孩子、做家務、偶爾和朋友小聚,平淡而安穩。我問她,有沒有想過離開這個小城市,到外面的世界看看?她笑著說,她覺得現在這樣很好,有老公和父母的照顧,又有孩子陪伴,不覺得缺什麼。

她的回答讓我沉思許久。我們的生活經歷與選擇,逐漸

第八章　用心不是天生，是練出來的

拉開了彼此的距離。曾經那麼親密無間的我們，如今卻在對話中找不到共同的語言。我感興趣的話題，她並不在意；她珍視的日常，我也難以感同身受。那一刻，我彷彿看見兩條人生軌道漸行漸遠，隔著一條看不見的鴻溝。

見到她之後，我心中湧起很多感觸。我深深地感謝當年那個勇敢離開家鄉的自己。在 A 市，我經歷過風雨，也看見過彩虹。一路走來，我越來越能掌握自己的節奏，學會了自我療癒，也更願意燃燒自己去追求熱愛。我明白，人生不在於走多遠，而在於是否真誠地活過。

如果明天就是世界末日，我想我仍會覺得這一生無憾。我體會過幸福，也經歷過低谷，這一切都讓我成為今天的自己。我告訴自己，要做一個能「自律、自癒、自燃」的人，用堅韌與努力去拓展生命的寬度。我不願成為一個任由生活推著走的人，因為我相信，人生是可以被用心設計的。

尼采說過：「每一個不曾起舞的日子，都是對生命的辜負。」這句話一直是我內心的座右銘。我想讓每一天都活得有意義，不為取悅他人，而是為了不辜負自己。因為在這個世界上，唯有我自己，能為我的人生負起全責。

我們所擁有的每一天，都是此生最年輕的一天。真正的珍惜生命，不是安於現狀，而是勇敢前行，去嘗試人生所有可能。畢竟，明天和未知哪個會先來，誰也無法預料。只有那些認真生活、努力選擇的人，才是真正活在這個世界上的人。

> **安妮說**
>
> 我深深地感謝當年那個勇敢離開家鄉的自己。在 A 市，我經歷過風雨，也看見過彩虹。一路走來，我越來越能掌握自己的節奏，學會了自我療癒，也更願意燃燒自己去追求熱愛。我明白，人生不在於走多遠，而在於是否真誠地活過。

心態決定狀態

有一年秋天，A 市成立了一個考察團去中國新疆考察。新疆對於我來說是個特別神奇的地方，我沒有去過，但一直很想去。因此，我對這次出行特別期待。

為了讓這次行程變得更有趣，我邀請了幾個海歸好朋友同行。因為其他商協會的團友都是年紀比較大的企業家，只有我們這個社團的成員最年輕，我還是希望能和同齡的小夥伴一起出行。可能很多人都有過這種經驗：如果同行的小夥伴不在一個「頻率」上，那麼一起旅行很容易變成一種「折磨」。我暗自高興，幸好有兩個小夥伴陪我，不然我要一直跟爺爺奶奶們在一起了。以我這種活潑外向的性格，猜想我會被憋死。

第八章　用心不是天生，是練出來的

盼呀盼，啟程的日子終於快到了，我萬分激動：我可以去新疆了！可是，就在啟程的前一天，原本答應和我同行的兩個小夥伴突然都說不去了。一個是公司臨時有安排，另一個是家裡突然有事。這個變化讓我措手不及。旅行這件事，關鍵不在於去哪裡，而在於跟誰一起去。我跟一群老人家在一起，這趟行程還會有趣嗎？我十分惆悵。不過，既然已經答應了上司，我也不能說不去就不去啊！況且，我們社團已經有兩個人不去了，如果我再不去的話，就太說不過去了。

我沒辦法向主管交代，只好硬著頭皮，如約出行。

第二天一早集合時，情況果真如我所料——我是最年輕的團友。我們一行十五人，其中，有一對老夫妻，老先生七十三歲，他的夫人六十多歲。不問不知道，這對老人竟然是原本計劃跟我一起出行的一位小夥伴的父母！天，和朋友的父母一起旅遊，這真是一次獨特的體驗！

我猜想本次行程將非常苦悶——沒有同齡人，沒有知己，也沒有共同語言。我有點沮喪，不過轉念一想，既然已經來了，抱怨也沒有用。與其鬱鬱寡歡地度過這段旅程，還不如開開心心地迎接它。我決定改變自己的心態。當我把心情從「低落」調整到「愉快」模式時，整個人的狀態突然就變好了。

旅程開始了。剛到新疆，我內心有一絲絲興奮。畢竟對

我來說，這是一個與 A 市完全不同的地方。新疆的風景很美，每一處景色我都不想錯過。但這次我沒有同齡的小夥伴一起拍照了。不過，我們團裡有一個團友曾總，他是香港人，五十多歲，國語不太好，性格很低調。他很喜歡攝影。我正煩惱沒人幫我拍照，於是就問他：「曾總，可以麻煩您幫我拍一張照片嗎？」曾總欣然答應。他找了好幾個特別好的角度，幫我拍了很多張美美的照片。後來，我每去到一個地方，曾總都主動跑過來問我：「需要幫妳拍照嗎？」我說：「好呀，好呀。」於是，曾總這一路就充當了我的攝影師。

由於我的心態已經調整到愉快的狀態，我對自己說，時間如此寶貴，我一定要開心快樂地享受每一刻。於是，我從一個落寞寡歡的人，變成了一個「開心果」，全程跟大家有說有笑。團友都很喜歡我，覺得我給大家帶來了歡樂。我突然發現，其實，這些爺爺奶奶也不像我想的那麼沉悶。他們就像孩子一樣，開心的時候也會開懷大笑。在他們身上，我看到了老年人的另外一面。

有一天，導遊帶我們一行人去爬山。這是新疆知名的一座山。但是，那天我的狀態不好，不太想爬山，於是爬到半路，我就跟導遊說想下山了。正巧這時，一位團友老伯伯也要下山。因為他年紀太大了，爬不上去。於是，我就和這位老伯伯一起結伴下山。我們一路走一路聊。老伯伯跟我分享他年輕時候的經歷。他說，現在像我這樣願意陪伴前輩的

第八章 用心不是天生，是練出來的

年輕人已經不多了。我被老伯伯的人生經歷吸引了。讀萬卷書不如行萬里路，行萬里路不如名師指路。這位老伯伯把那麼多寶貴的人生經驗分享給我，他就是我人生路上的一位導師。

到了山下，我們找了一塊石頭坐了下來。當時，我已經很睏很累了，眼皮直打架。老伯伯看到我的樣子，對我說：「安妮，妳靠在叔叔肩膀上瞇一會兒吧。每次看到妳，我就會想到我最小的女兒。妳們年紀差不多大，樣子也很像。」老伯伯笑咪咪地看著我。好溫暖的一番話。當時，一股暖流流進了我的心。在這位老伯伯的身上，我感受到了濃濃的父愛。

之後的幾天，我都很投入地享受每個時刻。我和團友互動著，有的時候我負責唱歌，有的時候我負責跳舞，有的時候我負責活絡氣氛，把爺爺奶奶們哄得很開心。他們說，我是他們的「開心果」。導遊也覺得，我的加入讓這個老年團變得更有活力了。其實，不是我改變了老年團的性質，而是老人改變了我，他們讓我感受到了尊重、溫暖和愛。

反思一下我的心路歷程，從排斥抗拒，到被動接受，再到主動擁抱，我感慨頗多。一切都在於我的心態。心態變了，狀態就變了。快樂與否，全在於自己的選擇。如果我以抗拒的心態走完全程，相信我一定是最鬱悶的那個「邊緣

人」。我很感激自己盡快調整了狀態，找到與長輩相處的最佳方式，去用心感受身邊的一切。

這次新疆旅行，是有史以來最讓我感動的旅行。表面上看是我在幫助大家，實際上是他們在幫助我和成就我。每一位長輩對我都很欣賞，很尊重，他們讓我變得更有力量，更有愛。

只有心態改變了，狀態才會改變。當你狀態低落時，想一想，是不是你沒有給自己一個更好的選擇。

> **安妮說**
>
> 心態變了，狀態就變了。快樂與否，全在於你自己的選擇。

讓分享成為一種習慣

前段時間，我發現助理 Chloe 的狀態不太好：工作漫不經心，上班經常遲到，每次交代給她的工作總是拖拖拉拉，遲遲完成不了，甚至偶爾還會忘記。我決定和她聊聊。

我約她到我的辦公室，我問 Chloe：「妳最近發生什麼事情了嗎？感覺妳狀態不太好。」

第八章　用心不是天生，是練出來的

Chloe 有點沮喪地說：「安妮姐，最近我家裡發生一些事情，影響了我的心情。我知道影響工作了，對不起，我會努力調整的。」她也覺察到了自己的狀態不太好。

那段時間，我出差比較頻繁，對同事也疏於關心。Chloe 的狀態不好，應該有一段時間了。於是我決定想個辦法，即便在出差或不在辦公室時，我也能了解他們的狀態，多指導他們，關心他們，讓他們朝著更好的方向發展。

我們辦公室有十個同事。我的大部分工作是公關和接待，平時出席活動帶的最多的是助理 Chloe 和會員部的 Eric。因為我的時間和精力有限，不能平均分配到每一位同事身上。於是，我制定了一個定期分享的計畫，讓每個小夥伴都能感受到我的關心，同時，我也能幫助他們成長。

於是，一天下午，我在工作群組裡面，跟同事說了一段話：「同事們，大家好。我決定從今天開始，不定期地跟大家分享我工作中遇到的一些事情，以及我的一些心得。每次分享開始時，我會寫上『分享時間』。我會用語音把我的心得分享給大家，請大家仔細聽，聽完以後每個人要回覆『已聽完』，並且發一段文字的感悟回覆。」

同事們都表示「收到了」。於是，我開始了我的第一次分享。那天上午，我帶領幾位企業家去參觀一家上市公司。這家公司的創始人是一位很有情懷的企業家。他的公司剛剛上市兩週，但他還是親自接待我們，中午還陪跟我們一起吃

飯。這位企業家告訴我們,他剛來A市的時候,身上只有三千塊錢,全靠自己白手起家,現在已經身家過百億。他還跟我們講了幾個曾經發生在他身上的故事,每次他都是靠著堅持和信念度過的難關。這位企業家說了一番話:「堅持了就是神話,放棄了就是笑話。所以,永遠不要放棄希望,更不要放棄自己。沒有一無是處的人,只有自暴自棄的心。」我們都被他的故事點燃了。

於是,我把他的故事講給同事聽。我希望被點燃的不只是我,還有我身邊所有的「戰友」。我告訴同事:「有的時候,我們要容許一些美麗的意外,像花兒一樣,在我們生命中開放。快樂可以讓人忘乎所以,但真正讓我們變得優秀和卓越的,一定是苦難,所以我們要感謝苦難。逆境最能檢驗出一個人的人格水準。不要抱怨我們的出身不好,也不要抱怨我們的苦難太多。換個角度想一想,這些事都是來成就我們的。有空的時候,我們要問問自己:我是怎樣的一個人,懷著怎樣的一顆心,要過怎樣的人生?人生就像一條盤山公路,你永遠不知道下一秒風景會如何變換。與其抱怨山高路險,不如自在從容地欣賞沿途的風光。真正有幸福能力的人,在逆境中,哀而不怨,悲而不傷。在逆境中,我們要學會與不幸共處,帶著不幸去生活。即使被黑暗籠罩,我們也要竭盡全力抓住一切可能,去創造希望和美好,這樣才配得上幸福。」

第八章　用心不是天生，是練出來的

　　我說完之後，小夥伴沉思了一陣。之後，大家都回覆了，分別說了自己的想法。有的同事回覆說，他被我的這段話感動了。Coffee 跟我說：「本來我覺得自己是一個可悲的人，覺得老天爺對我不公。可是聽完這個故事，我覺得其實自己挺幸福的。就像您之前說的，『你喜歡普通，就可以普通地生活；你喜歡特別，就可以特別地生活』。安妮姐，我喜歡特別，我未來也要特別地過我的生活。」

　　Chloe 也私訊我：「我發現自己真的很幸運。本來我覺得父母對我不太好，可是現在覺得父母對我其實很好。我已經擁有了太多。當我把重點放在我擁有的東西上時，我就是幸福的和滿足的。聽了這個故事，我感覺很有力量。謝謝安妮姐的分享。」

　　一次小小的分享，竟然能產生這麼正向的作用，我決定繼續堅持下去。

　　後來，有一次，一位同事跟我抱怨，說他本來是做財務的，結果來到協會做了很多與本職工作不相關的事情。他感覺自己「沒有專業」，所以很苦惱。於是，我在那天的分享時間，分享了這樣一段話：

　　「同事們，大家好。今天有人對我說，安妮姐，我感覺自己『沒有專業』。我想了想：咦？好像我也沒有專業。我開始思索這件事。我覺得，人的職業發展應該有三個階段。第一

個是知識累積階段,第二個是能力完備階段,第三個是才華轉化階段。比如說,一個人學的是醫學專業,他必須學很多年,掌握醫學的基本知識,才能做一個合格的醫生。當他在職場工作了很多年以後,可能他就不再滿足於做一個醫生,而想成為一個主任。要做一個主任,需要具備什麼能力呢?他需要具備溝通能力、表達能力、理解能力、管理能力、共情能力等。然後,他可能想更進一步,讓自己成為一個品牌。這時,就到了人生的才華轉化期。一個人的職業發展,大致就經歷這三個階段。

我再舉個例子,大家都知道演員周迅,她演什麼像什麼。如果一個普通的女孩子和周迅去試同一個角色,這個女孩子可能半天都不能進入角色,而周迅可能只需要三秒。因為,她的演技已經磨練出來了。所以,覺得自己『沒有專業』的人,可能已經走過了知識累積階段,正在從能力完備階段向才華轉化階段過渡。我們每個人最終的目標,都是成為才華滿滿、閃閃發光的自己。我們要打造出自己的 IP。要知道,你自己就是一個小宇宙。總有一天,你走到任何地方,都會自信滿滿,氣場十足。人生不是一場物質的盛宴,而是一場靈魂的修練。希望我們每個人都能成為最好的自己。」

同事紛紛回覆了自己的感悟,每個人都從不同的角度表達了對未來的看法。我發現,小小的分享,讓團隊變得更有凝聚力,小夥伴對未來也更有信心了。同時,我能把我的價

第八章　用心不是天生，是練出來的

值觀和使命感傳達給每個人，讓大家跟隨我的腳步，一起成長，一起進步。分享，其實可以點燃每個人，讓我們在前進的路上，同頻共振。

> **安妮說**
>
> 不要抱怨我們的出身不好，也不要抱怨我們的苦難太多。換個角度想一想，這些事都是來成就我們的。有空的時候，我們要問問自己：我是怎樣的一個人，懷著怎樣的一顆心，要過怎樣的人生？

第九章
說出影響力，活出主角光環

要想照亮別人，自己先閃閃發光吧！

第九章　說出影響力，活出主角光環

用文字感染別人

我有四個社群帳號，幾乎每個都加滿了，所以我不胡亂添加朋友。有一次，一個很奇怪的人加我，他的暱稱是「正能量傳播者」，定位顯示是國外。我感到莫名其妙，哪有人說自己是「正能量傳播者」的？他的頭像是一棵樹，一般沒有真人頭像的帳號我不太會加，感覺不是很安全。於是，我沒有添加他。

後來，陰差陽錯，我發現他竟然和我在同一個讀書群組裡。我對讀書很感興趣，所以被朋友拉進了那個群組。我看他在那個群組裡經常與群主互動，偶爾發一些讀書心得，還會推薦一些他喜歡的書。他推薦的書很多都是我喜歡的，比如：《少有人走的路》、《非暴力溝通》、《當下的力量》。他在群組裡的評論都很有「料」，我感覺他是一個「有料」的人，起碼是個愛讀書的人。我想，他應該不是什麼壞人，不如就加他吧，未來如果有讀書方面的問題，說不定還可以和他交流交流。於是我就通過了他的申請，並在他的名字後面備註了「雞湯哥」。

添加了這位「雞湯哥」之後，他就不定期地傳些訊息給我，大都是一些很有正能量的分享 —— 做人的哲學、人生的智慧等。例如：「生命的意義沒有絕對的答案。如果你做的事情讓你充滿熱情，那麼你就走在正確的路上。年齡並不在於

你慶祝過多少個生日,而在於你怎麼看世界。如果你始終擁有好奇心,你就有一個年輕的靈魂。一生中的煩惱太多,但大部分擔憂的事情都從來沒有發生過」。

看完這段文字,我迅速轉發了,因為對我很有啟迪意義,我也很認同。在那之後,他又發了一段文字給我:「其實,我們與他人的關係、與世界的關係,歸根結柢是自己與自己的關係。和自己的關係對了,和他人、世界、生活的關係就對了;看到了自己的美好,就看到了他人和世界的美好。」那段時間,我剛好有個煩惱,我覺得被人冤枉了,心裡各種委屈、不滿、鬱悶。可是後來想想,我為什麼要為別人的錯誤買單呢?這世界上所有的關係,真的就是自己和自己的關係。不管發生什麼事,我都要對自己好一點,要開心一點、愉悅一點。在我調整了與自己的關係後,我突然發現沒那麼難受了。問題依然在,心情卻好了很多。原來,一段小小的文字,對我們的生活影響那麼大。我就是文字的受益者。

我是一個很難安靜下來的人,總希望有人能陪在我身邊,熱鬧一點。但這位「雞湯哥」發的一句話,深深地打動了我:「在這個世界上,能永遠陪伴你的人只有你自己。」這句話很真實,也很深刻。我們生活在這個世界上,對身邊的一切,都只有「使用權」,而沒有「占有權」。天下沒有不散的筵席,最終所有的一切都會離我們而去──我們的父母,我們

第九章　說出影響力，活出主角光環

的伴侶，我們的孩子，我們的財富，我們的事業，我們的朋友……能夠永遠陪伴我們的只有我們自己。所以，在有生之年，為什麼不對自己好一點，為什麼不去習慣自己與自己相處？於是，我開始學習獨處，學習享受孤獨。能享受孤獨，是一個人走向成熟與智慧的開始。

很多時候，對他發的這些文字，我都不會回覆。不過，這並不表示我不會看。相反，倘若一段時間他不發文字給我，我就會去翻看他的社群，生怕錯過精彩深刻的內容。他用文字感染著我。

於是，我也決定定期向朋友分享有正能量的文字。有時候是轉發這位「雞湯哥」的，有時候是我自己原創的。我有一個很好的習慣，就是每天晚上睡覺前都會看書。每次在書中看到優美的文字或者充滿智慧的觀點，我都會編輯成「語錄」，轉發給朋友和對我比較重要的人。這個習慣我堅持了三年。

本來我覺得，我發這些語錄應該幫助和影響了很多人，我自己心裡在偷笑。可是有一天，一個朋友問我：「安妮，妳老發這些『雞湯』做什麼呢？我告訴妳，心裡越缺少什麼，越喜歡炫耀什麼。妳整天發這些『雞湯』，就表示妳心裡缺這些，我看妳還是別發了，沒用。」朋友的一席話讓我很傷心。我並沒有在炫耀，我只是在分享而已。

過了不久，我的新書《妳必須精緻，這是女人的尊嚴》出版了，我開了一場新書發表會。活動計劃在下午三點開始，我早早地就到了現場。不到兩點的時候，我就看到一個斯斯文文的女孩子，拖著箱子來到了現場。於是我走過去：「您好，我是安妮，請問您是⋯⋯」我很好奇。這個女孩子怎麼這麼早就來了，整整提前了一個半小時。

她見到我，一臉掩飾不住的激動，握著我的手說：「安妮，我是妳的粉絲，我加妳的社群已經有兩年了。妳的每一篇文章我都會看。我還把妳在社群平臺分享的語錄都列印出來了。」她把整理好的語錄拿給我看，真是嚇了我一跳。我自己從來都沒有整理過，我都不知道我這三年來分享的語錄居然可以印成一本厚厚的書。

她接著說：「安妮，妳知道嗎？今年上半年我遇到了一個重大的挫折，我感覺我的人生完了，我永遠都無法走出這個陰影了。後來，我看了妳的文章，又讀了妳的書。妳的文字給了我力量，讓我重新燃起了對人生的希望。謝謝妳，安妮。請妳一定要繼續堅持分享。妳的文字感染了我。其實，我本來計劃今天上午出國的，為了能見妳一面，我特意把機票改到了今天晚上，參加完妳的新書發表會我再離開。我真的特別喜歡和欣賞妳。」怪不得她拖著一個大箱子，原來她在活動結束後要趕去機場。

第九章　說出影響力，活出主角光環

　　多麼真誠的一個小妹妹啊！她說，我的文字感染了她，其實，她的話也感染了我。後來，我經常收到朋友傳來的感謝簡訊。他們大都是看了我的分享或我的書，受到了啟發。能夠對他人產生正向的影響，對我來說是莫大的幸福。

　　假如明天就是世界末日，那我這一生為這個世界做的貢獻是什麼？我想，我可以很自豪地回答：我曾經用我的文字去感染和感動別人。我的文字似一股清流，讓這個世界充滿善良和愛。我認為，人活在這個世界上的價值就是——讓自己深感驚喜的同時，讓身邊的人深感驚喜，而文字就是能給人驚喜的一種方式！

　　用文字去感染別人，讓這個世界因為我們的存在而充滿更多驚喜！

> **安妮說**
>
> 假如明天就是世界末日，那你這一生為這個世界做的貢獻是什麼？我想，我可以很自豪地回答：我曾經用我的文字去感染和感動別人。你呢？

把每一次發言都當作展示自我的機會

很多人覺得，我的表達能力很強，但我並不是在每個場合都能流暢地表達，我也要看狀態。通常，遇到和我「同頻」的人，我會表達得比較自如；遇到和我不同頻的人，我會展現自己文靜的一面。

後來，我發現，不管遇到什麼類型的人，如果我只是安安靜靜地坐著聽別人說話，看著別人分享，那我就只是一個「隱形人」，浪費了一個機會。而我的理想是做一個有影響力的人。一個有影響力的人，在任何場合都需要展示自己的思想。於是，我決定從每一次聚會開始，讓我的思想傳播出去，感染他人。

有一次，企業家林總安排了一次聚會，現場來了二十多位各界菁英，大家彼此之間都不是很熟悉。這個時候，一位企業家突然提到「選擇」這個話題。他說，卓越的人都是因為他們在關鍵時刻做了正確的選擇，會做選擇的人更容易掌控自己的人生。於是，林總就讓在座的各位菁英一起聊聊他們對於選擇的看法。大家你一言我一語地談了起來。有人說，選擇基於智慧，只有擁有智慧的思想才能做出正確的選擇；也有人說，選擇無所謂對錯，因為人生就是一種體驗。

還沒有輪到我的時候，我就在醞釀和準備。因為，我不會隨隨便便發言，只要我開口講話，就要充分展現我的特

第九章　說出影響力,活出主角光環

質,讓我的思想深入人心。輪到我時,我說:

「在我看來,錯誤的選擇有三種——不會選擇,不斷選擇,不堅持自己的選擇。我有一位親人,當年大學畢業後,不顧家人的反對,堅持嫁給一位高中同學。她的成長背景相對優渥,而那位同學則來自一個較為質樸的鄉村家庭,兩人的生活經歷和價值觀存在不小的落差。當時家人擔心他們在婚姻中會遇到困難,但她認定了自己的選擇。可惜不到一年,她發現兩人難以真正契合,最終和平分開了——這是一種『沒有看清局勢就貿然做出選擇』的情況。

後來,家人也開始替她擔心,希望她能再次遇見合適的伴侶。她開始嘗試認識不同的人,透過朋友介紹和相親,與幾位對象接觸。經歷了一段失敗的關係後,有些人會變得更謹慎,但她似乎變得愈發急切。只要稍有好感,便急於投入,甚至幾次動了結婚的念頭,結果對方卻未必有同樣的打算。短時間內,她的感情歷經多次反覆,這就是典型的『不斷選擇』,卻缺乏沉澱與觀察。

直到去年底,她認識了一位大學老師,對方氣質溫和,談吐得體,甚至家人也十分欣賞,鼓勵她好好相處。可是她因為對方有個生活習慣——喜歡蹺二郎腿,而感到無法接受,最終也選擇結束這段關係。這樣的情況,就是『缺乏堅持』,也可能是對關係中真正重要的價值仍未釐清。

> 把每一次發言都當作展示自我的機會

每個人在人生的道路上都會經歷選擇與調整，感情只是其中一環。重要的不是年齡或狀態，而是是否從過往的經歷中成長，學會看清自己真正想要什麼。懂得選擇，也願意承擔，才能慢慢走向一段穩定且成熟的關係。這，不論在哪一個人生階段，都是值得學習的課題。」

我說完這個故事，大家都很感慨。同時，大家都對我投以欣賞的目光。

「那麼，什麼是選擇呢？我認為，選擇意味著，你將犧牲一種美好，或者你將承受一種不安。比如：有兩個男人，一個是億萬富翁，另一個是地痞流氓，這個構成選擇嗎？不構成。因為這兩個人層級不一致。而你是喜歡吃蘋果，還是喜歡吃水梨？這個就構成選擇。因為，兩者能量層級相同。選擇就意味著，你必須放棄同等能量的另外一樣東西。放棄這個東西，會讓你陷入猶豫，讓你有所顧慮，這才是真正的選擇。」我表達了對選擇的看法。

「所以，這個世界上最可怕的事不是優秀的人比你更努力，而是優秀的人比你更會做選擇。」我笑了，大家也都笑了。我的觀點，得到了在場朋友的肯定和認同。我知道我已經把在座的各位圈粉了，我的發言讓他們很震驚。後來，每個人都過來跟我加 LINE，說被我的智慧折服，希望能認識我，想跟我多多學習。我透過這次發言，成功地展示了自己。

第九章　說出影響力，活出主角光環

不久，一位企業家邀請我去他的公司喝茶。一進入他的辦公室，我就看到來自各個協會的祕書長。他們已經來了一段時間了，我才剛剛到。我找了一個角落的位置坐下，認真地聽他們的對話。今天大家聊的主題是「自由」。正巧，我曾經研究過這個話題，於是我醞釀著如何讓我的發言一鳴驚人。

終於輪到我了，我說：「各位親愛的祕書長，剛才聽了你們的分享，我受益匪淺。我分享一下我對自由的理解。如果有不恰當的地方，還請大家多多包涵。」我開始切入主題。

「自由其實就是找到生命的節奏，有所為，有所不為。很多人說，自由就是可以做自己想做的事，我不贊同這個觀點。我認為，真正自由的人有選擇的權利，他可以選擇做自己不想做的事。自由等於能力減去欲望，你的能力很強，但是欲望很小，這樣的人就會感受到更加自由。」我表達了一下我的觀點，大家覺得特別棒，讓我繼續分享。

我接著說：「很多人說，自由就是為所欲為，其實不是的。自我放縱不是自由。我們想一下，如果我們整天不上班，在家裡抱著洋芋片看電視，任由自己的身材越來越胖，思想越來越緩慢，人生越來越沒有未來，這樣的生活是自由的嗎？不是。其實，自我節制比自我放縱更加自由。因為，在自我節制中，有一種自我主宰的快感。」我說到這裡時，

把每一次發言都當作展示自我的機會

現場很安靜，我感受到了大家對我的尊敬和仰慕。他們肯定在想：「這個小女孩看上去沒什麼，怎麼這麼會聊天？」「唐祕書長，那妳認為如何才能做到自由呢？」一個聲音問。

太好了，我太喜歡回答問題了。這正是我準備好的一個答案。於是我答道：「自由需要清醒的自知，勇敢的選擇，無悔的擔當。」說到這裡，那個提問題的帥哥已經快要「膜拜」我了。

看來，我的這次發言又成功了。把每一次發言都當作展示自我的機會，我做到了，你也可以。成功的發言需要充足的準備，這些準備源於平時吸納的點點滴滴。讓自己做一個有「厚度」的人。一個思想深刻的人，在人群中，一定會脫穎而出。

安妮說

不論遇到什麼場合，如果你只是安安靜靜地坐著聽別人說話，看著別人分享，那你只能做一個「隱形人」。你浪費了一個可以展示自己的寶貴機會。如果你不展示自己，別人也無從知道你是誰，你能做什麼。

第九章　說出影響力，活出主角光環

聽講不如演講，演講助力職場

可能大家不知道，以前的我，並不像現在這麼擅長表達。尤其是，在臺上，面對很多人的時候，我常常覺得大腦一片空白，不知道該說什麼。後來，我認識了一位創業者。當時，他的產品只有一個雛形，什麼都沒出來，但他只用了一個PPT，就成功融資兩千萬元。他讓我深深感覺到演講的重要性。於是，我決定努力提升自己的演講技能。

我這個人，一旦決定要做，就會義無反顧。我把市面上能找到的關於演講的書都買了回來，看了個遍，還報名參加了很多優秀的演講課程。學了這麼多，我覺得，演講只需要做好一件事，那就是——霸占舞臺。整天學習是不夠的，還得練習。倘若不去踐行，知識就白學了。於是，我制定了「講滿五十場」的計畫。我要求自己在一年內，講滿五十場。透過實踐鍛鍊自己的能力，培養自己的膽量，提升自己的氣場。我是一個說到做到的人。

那段時間，正趕上我的新書出版，很多大學和女性平臺都邀請我去演講。練得多了，慢慢就不緊張了。我漸漸總結出了一套自己的演講技巧，那就是「金句＋故事＋使命」，這是我研究出來的獨特的演講結構。

第一，演講不等同於講課。演講的時間不長，觀眾的耐心也有限，所以我們在開講前十秒需要用「共情」的方法抓住

觀眾的注意力，這才是完美的開場。

第二，進入「金句」環節。我認為，「金句」是演講的靈魂。觀眾聽你講了這麼多，可能到最後只會記得印象最深的一句話。這就是「金句」的魅力。因此，一個好的演講，一定要用到「有靈魂的金句」——「有靈魂」的意思是，這句話要能打動人心，並且能深入人心。

第三，講故事。會講故事是一個人的重要競爭力。人容易被故事打動，但不容易被道理說服。最差的演講，就是一直在唸PPT，一直在講道理。其實，觀眾才是主角，PPT不是。好的演講，甚至可以連PPT都不要。那麼，什麼最能吸引觀眾呢？我認為是故事。演講者一定要學會講故事。這個故事最好是親身經歷的，有切身體驗的，還要含有價值觀的衝突。主角在這個故事中，還應該有所成長。

第四，演講要設計情感路線。演講中，要用情感帶動我們的語速。通常，在開場的時候，情感是幽默的，之後是緊張的，然後是為難的，最後是溫暖的。結尾要讓觀眾感受到愛和美好。

第五，好的演講一定要有使命感。要想清楚：我為什麼要做這個演講，這個演講和臺下的觀眾有什麼關聯，這個演講能為社會創造什麼價值？一個有使命感的演講，才能打動整場觀眾。

第九章　說出影響力，活出主角光環

有一次，A市海歸協會舉辦海歸論壇，我作為主辦方的代表，要做五分鐘的演講。我按照自己總結的方法和技巧，設計了這次演講。首先，我明確了這次演講的主題——「我們為什麼要辦海歸論壇」，我演講的內容需要與這個主題密切相關。其次，這次演講的觀眾都是年輕的海歸，演講風格要對他們的「胃口」。最後，我演講的時間不能太長，因為我不是主角，海歸論壇的五位嘉賓才是主角。按照這個邏輯，我寫下了三組關鍵字：兩個故事（告訴大家我們為什麼要辦這個活動），一個金句（我對五位嘉賓的欣賞和尊重），共情（引發臺下觀眾的共鳴）。

於是，在活動開始前，我上臺進行了五分鐘的演講：

「親愛的海歸朋友們，大家下午好！我是A市海歸協會的祕書長安妮。」首先，自報家門。

「前段時間我去上課，老師跟我說，如果我希望持續進步，就需要找一個榜樣。可是找來找去，我真的沒發現誰可以成為我的榜樣。但最近幾天，我被一位男神『吸粉』了。他是一個被社群媒體『洗版』的男明星，大家猜猜，他是誰？」透過提問互動，引起大家的興趣。

這個時候，臺下有人喊出來：「彭于晏！」

我開心地說：「太棒了！看來我們今天到場的觀眾，都是了解我的呀！我說一下，我為什麼被彭于晏『圈粉』。因為我

在這位明星的身上看到了兩種特質──自律和拚命。彭于晏曾經說，是自律和拚命成就了他。他沒有才華，所以用命去拚；他不怕苦，就怕學不到東西。他演的電影《翻滾吧！阿信》中有一句臺詞：『如果你一生只有一次翻身的機會，就要用盡全力。』他就是這麼做的。彭于晏是易胖體質，為了保持身材，他只吃水煮餐。他說，他已經很多年沒有吃飽過了，都不知道糖是什麼滋味了。他每拍一部戲，就學會一項技能，包括體操、衝浪、訓練海豚、手語、賽車、射擊等。到底是什麼在支撐著他完成這麼多高難度的事？我認為，是強大的自律能力和堅不可摧的意志力。這樣的男人，是不是很迷人？他立刻變成了我的男神！他讓我看到了自律和拚命的人是如何成就他們自己的。」第一個故事講完了。

「前不久，我去一所大學培訓，又被一位女神『圈粉』了。她也成了我的榜樣。」

「這位『女神』教授最吸引我的就是她的灑脫和隨性。她從不做任何人生規畫，也從來不自律。她常說：『明天和死亡不知道哪個來得更早，所以我為什麼要做計畫？』有人問：『妳都四十歲了，沒錢、沒車、沒房，妳開心什麼呀？傻傻的。』可是她卻回答：『如果老天爺眷顧我，給我很多物質財富，那真是太好了。如果老天爺覺得我已經擁有很多，不再給我物質，那麼請大家相信，我一定會用最優雅的方式，來過這種尊貴的貧窮生活。』我被她的這番話打動了。」第二個

第九章　說出影響力，活出主角光環

故事講完了。

「這兩個故事,剛好詮釋了我們為什麼要做海歸論壇。我們其實就想展現不同海歸的生活方式。我們想告訴你:有些人這樣生活,有些人那樣生活 —— 每個人都有自己的生活方式和生活態度。只要努力生活,每個人都是值得我們尊敬的。你們說是嗎?」我繼續和臺下觀眾互動。臺下響起一片掌聲。這個時候,我要引入幾位演講嘉賓了。我準備用「金句」來開場:

「人生就像一齣戲,沒有完美的劇本,但有完美的演技。今天演講的五位嘉賓,是我心中的奧斯卡影帝和影后。他們用不同的方式詮釋他們的人生。他們每個人都在告訴我,人生的意義到底是什麼。我認為是:找到你自己,成為你自己,全力以赴地去實現你自己。最後,預祝第八屆海歸論壇圓滿成功。同時,希望在座的每一位小夥伴,都能成為最好的自己。」

雖然只有五分鐘,但現場的氣氛超級火爆。我發現,只要稍微設計一下演講的結構,使用小小的技巧,整個演講效果就完全不一樣了。活動結束後,很多人加我 LINE,說被我的智慧吸引,想認識我。

其實,我並沒有做什麼特別的事,只是調整了自己的演講模式,就打造了一場明星演講。只要掌握一些小技巧,你也可以成為一個演講高手。

> **安妮說**
>
> 「金句＋故事＋使命」,這是我研究出來的獨特的演講結構。掌握這個小技巧,你也可以成為一個演講高手。

把聽者變成你的粉絲

我是一個對「金句」非常痴迷的人,每次聽到別人說一句很深刻的話,我就會迫不及待地記下來。有一次,和一群朋友聊天,突然有人說了一句:「不要害怕熱鬧,因為在熱鬧中失去的,都會在孤獨中找回來。」天哪!這句話太厲害了,我馬上記在了本子上,然後在一些適當的場合用到了。

這句話也提升了我的思想層次,讓別人對我印象更加深刻。

每天晚上我都會看書,每次看到激動人心的句子,我就會抄寫在本子上。久而久之,我累積了大量的「金句」。很多句子已經深入我的靈魂,可以不假思索地脫口而出。

有一次,我去一家美容院做 SPA,那裡的小妹妹都是「八年級」。她們在替我服務的時候,一直在聊愛情。其中,一位小妹妹說,她最近戀愛了,但是她很害怕以後會和男朋

第九章　說出影響力，活出主角光環

友分開。另外幾個小妹妹就開始給她意見。有的說：「哎呀，你們乾脆結婚算了，結婚就沒有這個問題了。」另一個小妹妹說：「妳那麼年輕，又那麼好看，幹嘛這麼患得患失的？就算你們分開了，妳還會遇到更好的。」於是她們問我：「安妮姐，妳是如何看待愛情的呀？」其實，很少有人問我這個問題，加上當時我又在做 SPA，並沒有特別認真聽她們講話。但她們問到我，我便脫口而出：「只有用眼睛相愛的人才會分開。對於那些用靈魂相愛的人來說，這個世界沒有離別。」可能是因為平時「金句」看多了，講這句話的時候，我都沒有經過思考。本來我以為，講完我就可以安心睡覺了，結果這群小妹妹紛紛讚嘆道：「哇，安妮姐，妳好厲害啊！妳太有智慧啦！」她們因為一句話，變成了我的粉絲。

　　後來，每次去這家美容院，我都很開心。因為我已經從一個客戶，榮升為她們的精神導師。每次我都要花至少半個小時給她們上課，有的時候講哲學，有的時候講歷史，有的時候講做人的道理。我也很享受與她們之間的交流和分享。如果我是一位老師，我會非常喜愛好學的學生，而她們都是一群愛學習的可愛的妹妹。

　　有一次，一個妹妹問我：「安妮姐，妳如何理解『好的生命』？」我回答她：「好的生命是，有事做，有人愛，有問題可想，有選擇的自由。所以，我們要努力做一個善良的人。善良的人才更加可愛，可愛的人才會運氣好，運氣好的人，

才會命好。」大家都笑了起來。

後來，很多人知道我語出驚人，就經常邀請我去給他們的活動做總結。我有一個合作夥伴，他是做高階接待的。有一次，他做了個產品發表會，邀請我作為嘉賓到現場支持他。活動快結束的時候，我本以為可以離場了，他的一個同事跑來跟我說：「安妮姐，可否邀請您上臺去做一個總結？」我驚訝地說：「這不太合適吧？我又不是你們公司的人。」這個小妹妹說：「我們老闆說，您口才好，現場又有很多大企業的老闆，您做總結的話，效果會很好。」我回頭一望，果真滿多人。是不是大老闆我不知道，但我知道這是一次推廣我自己的機會。說不定，當我講完以後，這些人都會成為我的粉絲。

於是，我醞釀了三分鐘，就上臺了。

「大家好，我是 A 市海歸協會祕書長安妮，同時，我也是接待專家創始人 Nelson 的好朋友。」開場讓大家知道我是誰。

「認識 Nelson 差不多六年了，這六年裡，我跟隨 Nelson 去了很多地方。今天承蒙 Nelson 邀約，讓我從一個客戶和朋友的角度，對他的活動做總結。我想從四個方面表達我對這家企業的尊敬和欣賞。」我用的是「四度」總結法，也是我自己研究出來的一個套路。

第九章 說出影響力，活出主角光環

「第一，接待專家是一家很有『高度』的企業。不管是去美國參加巴菲特股東大會，還是去日本見無印良品的創始人，抑或是去以色列讓諾貝爾獎獲獎者替我們上課，跟隨Nelson的考察團，『高度』一定夠『高』。沒有他做不到的，只有你想不到的。」從高度上，我做了第一點總結。

「第二，接待專家是一家很有『深度』的企業。每次跟他去海外，他都會讓當地人帶我們深入那個國家人們的生活，體驗當地的風土民情。他讓我深深地感受到，這不是一次旅行，而是一次文化的洗禮。」從深度上，我做了第二點總結。

「第三，接待專家是一家很有『寬度』的企業。為什麼這麼說呢？接待專家已經不只能前往美國、加拿大和澳洲了，一些小眾的國家，比如：古巴、阿根廷、摩納哥等，都在它的業務範圍內。無論你在世界的哪個角落，接待專家都可以為你提供最稱心的服務。」從寬度上，我做了第三點總結。

「第四，接待專家是一家很有『溫度』的企業。我跟大家講一個故事。今年年初的時候，我們跟隨Nelson前往日本考察，到達日本時已經是凌晨了。我們舟車勞頓，沒來得及吃飯，而餐廳也都打烊了。Nelson說，他安排同事替我們準備了便當。我們以為是麥當勞、肯德基之類的，誰知是包裝得無比精緻的日本便當，真的讓我們眼前一亮。這是他提前兩天就讓同事預訂的。他安排了同事提前到達日本，取好便

當,做好保溫,等我們到達,趁熱送到我們每個人手上。這是多麼溫暖的事。我記得當時日本很冷,第二天早上我們要去企業考察。接待專家給我們每個人都準備了一壺泡好的白茶。我們每個人的心裡都暖暖的。接待專家真的是一家很有『溫度』的企業。」從溫度上,我做了第四點總結。

「如果一定要說出接待專家的一個『缺點』,我覺得就是 —— 容易上癮。一旦選擇了它,就離不開它了。」說到這裡,觀眾都笑了,現場的氣氛已經很熱烈了,我感覺到大家都被我的一番話感染了。

我們要把握好每一次分享的機會。要麼不講,要麼就認真講。讓聽眾成為我們的粉絲,其實並不是那麼難!

安妮說

> 沒有人生來就會口吐金句。只要努力學習,一切皆有可能!

國家圖書館出版品預行編目資料

高績效思考，九階段行動力重塑計畫：創造驚喜價值 × 瞄準重點學習 × 細節賦予溫度，讓每一次的付出，都能收到雙倍的成長 / 安妮 著 .-- 第一版 . -- 臺北市：財經錢線文化事業有限公司，2025.05
面；　公分
POD 版
ISBN 978-626-408-266-2(平裝)
1.CST: 自我實現 2.CST: 成功法
177.2　　　　　　　　　114004953

電子書購買

爽讀 APP

高績效思考，九階段行動力重塑計畫：創造驚喜價值 × 瞄準重點學習 × 細節賦予溫度，讓每一次的付出，都能收到雙倍的成長

臉書

作　　者：安妮
發 行 人：黃振庭
出 版 者：財經錢線文化事業有限公司
發 行 者：崧燁文化事業有限公司
E - m a i l：sonbookservice@gmail.com
粉 絲 頁：https://www.facebook.com/sonbookss/
網　　址：https://sonbook.net/
地　　址：台北市中正區重慶南路一段 61 號 8 樓
8F., No.61, Sec. 1, Chongqing S. Rd., Zhongzheng Dist., Taipei City 100, Taiwan
電　　話：(02) 2370-3310　傳　　真：(02) 2388-1990
印　　刷：京峯數位服務有限公司
律師顧問：廣華律師事務所 張珮琦律師

-版權聲明

本書版權為中國經濟出版社所有授權財經錢線文化事業有限公司獨家發行電子書及繁體書繁體字版。若有其他相關權利及授權需求請與本公司聯繫。
未經書面許可，不得複製、發行。

定　　價：299 元
發行日期：2025 年 05 月第一版
◎本書以 POD 印製